MALAIO
VOCABULÁRIO

PORTUGUÊS BRASILEIRO

PORTUGUÊS MALAIO

Para alargar o seu léxico e apurar as suas competências linguísticas

5000 palavras

Vocabulário Português Brasileiro-Malaio - 5000 palavras

Por Andrey Taranov, Victor Pogadaev

Os vocabulários da T&P Books destinam-se a ajudar a aprender, a memorizar, e a rever palavras estrangeiras. O dicionário é dividido em temas, cobrindo todas as principais esferas de atividades quotidianas, negócios, ciência, cultura, etc.

O processo de aprendizagem, utilizando os dicionários baseados em temáticas da T&P Books dá-lhe as seguintes vantagens:

- Informação de origem corretamente agrupada predetermina o sucesso em fases subsequentes da memorização de palavras
- Disponibilização de palavras derivadas da mesma raiz, o que permite a memorização de unidades de texto (em vez de palavras separadas)
- Pequenas unidades de palavras facilitam o processo de estabelecimento de vínculos associativos necessários para a consolidação do vocabulário
- O nível de conhecimento da língua pode ser estimado pelo número de palavras aprendidas

T&P Books Publishing
www.tpbooks.com

ISBN: 978-1-78767-381-6

Este livro também está disponível em formato E-book.
Por favor visite www.tpbooks.com ou as principais livrarias on-line.

VOCABULÁRIO MALAIO
palavras mais úteis

Os vocabulários da T&P Books destinam-se a ajudar a aprender, a memorizar, e a rever palavras estrangeiras. O vocabulário contém mais de 5000 palavras de uso comum organizadas tematicamente.

O vocabulário contém as palavras mais comummente usadas
Recomendado como adicional para qualquer curso de línguas
Satisfaz as necessidades dos iniciados e dos alunos avançados de línguas estrangeiras
Conveniente para o uso diário, sessões de revisão e atividades de auto-teste
Permite avaliar o seu vocabulário

Características especias do vocabulário

*   As palavras estão organizadas de acordo com o seu significado, e não por ordem alfabética
*   As palavras são apresentadas em três colunas para facilitar os processos de revisão e auto-teste
*   As palavras compostas são divididas em pequenos blocos para facilitar o processo de aprendizagem
*   O vocabulário oferece uma transcrição simples e adequada de cada palavra estrangeira

O vocabulário contém 155 tópicos incluindo:

Conceitos básicos, Números, Cores, Meses, Estações do ano, Unidades de medida, Roupas & Acessórios, Alimentos & Nutrição, Restaurante, Membros da Família, Parentes, Caráter, Sentimentos, Emoções, Doenças, Cidade, Passeios, Compras, Dinheiro, Casa, Lar, Escritório, Trabalho no Escritório, Importação & Exportação, Marketing, Pesquisa de Emprego, Esportes, Educação, Computador, Internet, Ferramentas, Natureza, Países, Nacionalidades e muito mais ...

TABELA DE CONTEÚDOS

GUIA DE PRONUNCIAÇÃO

Alfabeto fonético T&P	Exemplo Malaio	Exemplo Português
[a]	naskhah [naskah]	chamar
[e]	lebar [lebar]	metal
[ɛ]	teman [tɛman]	mesquita
[i]	lidah [lidah]	sinônimo
[o]	blok [blok]	lobo
[u]	kebun [kɛbun]	bonita

Consoantes

[b]	burung [buruŋ]	barril
[d]	dunia [dunia]	dentista
[dʒ]	panjang [pandʒaŋ]	adjetivo
[f]	platform [platform]	safári
[g]	granit [granit]	gosto
[ɣ]	spaghetti [spaɣeti]	agora
[j]	layar [lajar]	Vietnã
[h]	matahari [matahari]	[h] aspirada
[k]	mekanik [mekanik]	aquilo
[l]	lelaki [lɛlaki]	libra
[m]	memukul [mɛmukul]	magnólia
[n]	nenek [nenek]	natureza
[ŋ]	gunung [gunuŋ]	alcançar
[p]	pemuda [pɛmuda]	presente
[r]	rakyat [rakjat]	riscar
[s]	sembuh [sɛmbuh]	sanita
[ʃ]	champagne [ʃampejn]	mês
[t]	matematik [matɛmatik]	tulipa
[x]	akhirat [axirat]	fricativa uvular surda
[tʃ]	cacing [tʃatʃiŋ]	Tchau!
[ɕ]	syurga [ɕurga]	shiatsu
[v]	Taiwan [tajvan]	fava
[z]	zuriat [zuriat]	sésamo
[w]	penguasa [pɛŋwasa]	página web

ABREVIATURAS
usadas no vocabulário

Abreviaturas do Português

adj	-	adjetivo
adv	-	advérbio
anim.	-	animado
conj.	-	conjunção
desp.	-	esporte
etc.	-	Etcetera
ex.	-	por exemplo
f	-	nome feminino
f pl	-	feminino plural
fem.	-	feminino
inanim.	-	inanimado
m	-	nome masculino
m pl	-	masculino plural
m, f	-	masculino, feminino
masc.	-	masculino
mat.	-	matemática
mil.	-	militar
pl	-	plural
prep.	-	preposição
pron.	-	pronome
sb.	-	sobre
sing.	-	singular
v aux	-	verbo auxiliar
vi	-	verbo intransitivo
vi, vt	-	verbo intransitivo, transitivo
vr	-	verbo reflexivo
vt	-	verbo transitivo

CONCEITOS BÁSICOS

Conceitos básicos. Parte 1

1. Pronomes

eu	saya, aku	[saja], [aku]
você	awak	[avak]
ele, ela	dia, ia	[dia], [ia]
nós	kami, kita	[kami], [kita]
vocês	kamu	[kamu]
o senhor, -a	anda	[anda]
senhores, -as	anda	[anda]
eles, elas (inanim.)	ia	[ia]
eles, elas (anim.)	mereka	[mɛreka]

2. Cumprimentos. Saudações. Despedidas

Oi!	Helo!	[helo]
Olá!	Helo!	[helo]
Bom dia!	Selamat pagi!	[sɛlamat pagi]
Boa tarde!	Selamat petang!	[sɛlamat pɛtaŋ]
Boa noite!	Selamat petang!	[sɛlamat pɛtaŋ]
cumprimentar (vt)	bersapa	[bɛrsapa]
Oi!	Hai!	[haj]
saudação (f)	sambutan	[sambutan]
saudar (vt)	menyambut	[mɛnjambut]
Tudo bem?	Apa khabar?	[apa kabar]
E aí, novidades?	Apa yang baru?	[apa jaŋ baru]
Tchau! Até logo!	Sampai jumpa lagi!	[sampaj dʒumpa lagi]
Até breve!	Sampai jumpa lagi!	[sampaj dʒumpa lagi]
Adeus!	Selamat tinggal!	[sɛlamat tiŋgal]
despedir-se (dizer adeus)	minta diri	[minta diri]
Até mais!	Jumpa lagi!	[dʒumpa lagi]
Obrigado! -a!	Terima kasih!	[tɛrima kasih]
Muito obrigado! -a!	Terima kasih banyak!	[tɛrima kasih banjak]
De nada	Sama-sama	[sama sama]
Não tem de quê	Sama-sama!	[sama sama]
Não foi nada!	Sama-sama	[sama sama]
Desculpa!	Maaf!	[maaf]
Desculpe!	Minta maaf!	[minta maaf]

desculpar (vt)	memaafkan	[mɛmaafkan]
desculpar-se (vr)	minta maaf	[minta maaf]
Me desculpe	Maafkan saya	[maafkan saja]
Desculpe!	Maaf!	[maaf]
perdoar (vt)	memaafkan	[mɛmaafkan]
Não faz mal	Tidak apa-apa!	[tidak apa apa]
por favor	sila, tolong	[sila], [toloŋ]
Não se esqueça!	Jangan lupa!	[dʒaŋan lupa]
Com certeza!	Tentu!	[tɛntu]
Claro que não!	Tentu tidak!	[tɛntu tidak]
Está bem! De acordo!	Setuju!	[sɛtudʒu]
Chega!	Cukuplah!	[ʧukuplah]

3. Como se dirigir a alguém

Desculpe ...	Minta maaf!	[minta maaf]
senhor	tuan	[tuan]
senhora	puan	[puan]
senhorita	gadis, cik	[gadis], [ʧik]
jovem	orang muda	[oraŋ muda]
menino	budak lelaki	[budak lɛlaki]
menina	gadis kecil	[gadis kɛʧil]

4. Números cardinais. Parte 1

zero	sifar	[sifar]
um	satu	[satu]
dois	dua	[dua]
três	tiga	[tiga]
quatro	empat	[ɛmpat]
cinco	lima	[lima]
seis	enam	[ɛnam]
sete	tujuh	[tudʒuh]
oito	lapan	[lapan]
nove	sembilan	[sɛmbilan]
dez	sepuluh	[sɛpuluh]
onze	sebelas	[sɛblas]
doze	dua belas	[dua blas]
treze	tiga belas	[tiga blas]
catorze	empat belas	[ɛmpat blas]
quinze	lima belas	[lima blas]
dezesseis	enam belas	[ɛnam blas]
dezessete	tujuh belas	[tudʒuh blas]
dezoito	lapan belas	[lapan blas]
dezenove	sembilan belas	[sɛmbilan blas]
vinte	dua puluh	[dua puluh]
vinte e um	dua puluh satu	[dua puluh satu]

| vinte e dois | dua puluh dua | [dua puluh dua] |
| vinte e três | dua puluh tiga | [dua puluh tiga] |

trinta	tiga puluh	[tiga puluh]
trinta e um	tiga puluh satu	[tiga puluh satu]
trinta e dois	tiga puluh dua	[tiga puluh dua]
trinta e três	tiga puluh tiga	[tiga puluh tiga]

quarenta	empat puluh	[ɛmpat puluh]
quarenta e um	empat puluh satu	[ɛmpat puluh satu]
quarenta e dois	empat puluh dua	[ɛmpat puluh dua]
quarenta e três	empat puluh tiga	[ɛmpat puluh tiga]

cinquenta	lima puluh	[lima puluh]
cinquenta e um	lima puluh satu	[lima puluh satu]
cinquenta e dois	lima puluh dua	[lima puluh dua]
cinquenta e três	lima puluh tiga	[lima puluh tiga]

sessenta	enam puluh	[ɛnam puluh]
sessenta e um	enam puluh satu	[ɛnam puluh satu]
sessenta e dois	enam puluh dua	[ɛnam puluh dua]
sessenta e três	enam puluh tiga	[ɛnam puluh tiga]

setenta	tujuh puluh	[tudʒuh puluh]
setenta e um	tujuh puluh satu	[tudʒuh puluh satu]
setenta e dois	tujuh puluh dua	[tudʒuh puluh dua]
setenta e três	tujuh puluh tiga	[tudʒuh puluh tiga]

oitenta	lapan puluh	[lapan puluh]
oitenta e um	lapan puluh satu	[lapan puluh satu]
oitenta e dois	lapan puluh dua	[lapan puluh dua]
oitenta e três	lapan puluh tiga	[lapan puluh tiga]

noventa	sembilan puluh	[sɛmbilan puluh]
noventa e um	sembulan puluh satu	[sɛmbulan puluh satu]
noventa e dois	sembilan puluh dua	[sɛmbilan puluh dua]
noventa e três	sembilan puluh tiga	[ɛembilan puluh tiga]

5. Números cardinais. Parte 2

cem	seratus	[sɛratus]
duzentos	dua ratus	[dua ratus]
trezentos	tiga ratus	[tiga ratus]
quatrocentos	empat ratus	[ɛmpat ratus]
quinhentos	lima ratus	[lima ratus]

seiscentos	enam ratus	[ɛnam ratus]
setecentos	tujuh ratus	[tudʒuh ratus]
oitocentos	lapan ratus	[lapan ratus]
novecentos	sembilan ratus	[sɛmbilan ratus]

mil	seribu	[sɛribu]
dois mil	dua ribu	[dua ribu]
três mil	tiga ribu	[tiga ribu]

dez mil	sepuluh ribu	[sɛpuluh ribu]
cem mil	seratus ribu	[sɛratus ribu]
um milhão	juta	[dʒuta]
um bilhão	billion	[billion]

6. Números ordinais

primeiro (adj)	pertama	[pɛrtama]
segundo (adj)	kedua	[kɛdua]
terceiro (adj)	ketiga	[kɛtiga]
quarto (adj)	keempat	[kɛɛmpat]
quinto (adj)	kelima	[kɛlima]

sexto (adj)	keenam	[kɛɛnam]
sétimo (adj)	ketujuh	[kɛtudʒuh]
oitavo (adj)	kelapan	[kɛlapan]
nono (adj)	kesembilan	[kɛsɛmbilan]
décimo (adj)	kesepuluh	[kɛsɛpuluh]

7. Números. Frações

fração (f)	pecahan	[pɛʧahan]
um meio	seperdua	[sɛpɛrdua]
um terço	sepertiga	[sɛpɛrtiga]
um quarto	seperempat	[sɛpɛrɛmpat]

um oitavo	seperlapan	[sɛpɛrlapan]
um décimo	sepersepuluh	[sɛpɛrsɛpuluh]
dois terços	dua pertiga	[dua pɛrtiga]
três quartos	tiga suku	[tiga suku]

8. Números. Operações básicas

subtração (f)	kira-kira tolak	[kira kira tolak]
subtrair (vi, vt)	tolak	[tolak]
divisão (f)	pembahagian	[pɛmbahagian]
dividir (vt)	membahagi	[mɛmbahagi]

adição (f)	campuran	[ʧampuran]
somar (vt)	mencampurkan	[mɛnʧampurkan]
adicionar (vt)	menambah	[mɛnambah]
multiplicação (f)	pendaraban	[pɛndaraban]
multiplicar (vt)	mengalikan	[mɛŋalikan]

9. Números. Diversos

| algarismo, dígito (m) | angka | [aŋka] |
| número (m) | nombor | [nombor] |

numeral (m)	kata bilangan	[kata bilaŋan]
menos (m)	minus	[minus]
mais (m)	plus	[plus]
fórmula (f)	formula, rumus	[formula], [rumus]

cálculo (m)	penghitungan	[pɛŋɣituŋan]
contar (vt)	menghitung	[mɛŋɣituŋ]
calcular (vt)	menghitung	[mɛŋɣituŋ]
comparar (vt)	membandingkan	[mɛmbandiŋkan]

Quanto, -os, -as?	Berapa?	[brapa]
soma (f)	jumlah	[dʒumlah]
resultado (m)	hasil	[hasil]
resto (m)	sisa, baki	[sisa], [baki]

alguns, algumas ...	beberapa	[bɛbrapa]
pouco (~ tempo)	sedikit	[sɛdikit]
resto (m)	bakinya	[bakinja]
um e meio	satu setengah	[satu sɛtɛŋah]
dúzia (f)	dozen	[dozen]

ao meio	dua	[dua]
em partes iguais	rata	[rata]
metade (f)	setengah	[sɛtɛŋah]
vez (f)	kali	[kali]

10. Os verbos mais importantes. Parte 1

abrir (vt)	membuka	[mɛmbuka]
acabar, terminar (vt)	menamatkan	[mɛnamatkan]
aconselhar (vt)	menasihatkan	[mɛnasihatkan]
adivinhar (vt)	meneka	[mɛnɛka]
advertir (vt)	memperingati	[mɛmpɛriŋati]

ajudar (vt)	membantu	[mɛmbantu]
almoçar (vi)	makan tengah hari	[makan tɛŋah hari]
alugar (~ um apartamento)	menyewa	[mɛnjeva]
amar (pessoa)	mencintai	[mɛnt͡ʃintai]
ameaçar (vt)	mengugut	[mɛŋugut]

anotar (escrever)	mencatat	[mɛnt͡ʃatat]
apressar-se (vr)	tergesa-gesa	[tɛrgɛsa gɛsa]
arrepender-se (vr)	terkilan	[tɛrkilan]
assinar (vt)	menandatangani	[mɛnandataŋani]
brincar (vi)	berjenaka	[bɛrdʒɛnaka]

brincar, jogar (vi, vt)	bermain	[bɛrmajn]
buscar (vt)	mencari	[mɛnt͡ʃari]
caçar (vi)	memburu	[mɛmburu]
cair (vi)	jatuh	[dʒatuh]
cavar (vt)	menggali	[mɛŋgali]
chamar (~ por socorro)	memanggil	[mɛmaŋgil]
chegar (vi)	datang	[dataŋ]
chorar (vi)	menangis	[mɛnaɲis]

começar (vt)	memulakan	[mɛmulakan]
comparar (vt)	membandingkan	[mɛmbandiŋkan]
concordar (dizer "sim")	setuju	[sɛtudʒu]

confiar (vt)	mempercayai	[mɛmpɛrtʃajai]
confundir (equivocar-se)	mengelirukan	[mɛŋɛlirukan]
conhecer (vt)	kenal	[kɛnal]
contar (fazer contas)	menghitung	[mɛŋɣituŋ]
contar com ...	mengharapkan	[mɛŋɣarapkan]
continuar (vt)	meneruskan	[mɛnɛruskan]

controlar (vt)	mengawal	[mɛŋaval]
convidar (vt)	menjemput	[mɛndʒɛmput]
correr (vi)	lari	[lari]
criar (vt)	menciptakan	[mɛntʃiptakan]
custar (vt)	berharga	[bɛrharga]

11. Os verbos mais importantes. Parte 2

dar (vt)	memberi	[mɛmbri]
dar uma dica	memberi bayangan	[mɛmbri bajaŋan]
decorar (enfeitar)	menghiasi	[mɛŋɣiasi]
defender (vt)	membela	[mɛmbɛla]
deixar cair (vt)	tercicir	[tɛrtʃitʃir]

descer (para baixo)	turun	[turun]
desculpar (vt)	memaafkan	[mɛmaafkan]
desculpar-se (vr)	minta maaf	[minta maaf]
dirigir (~ uma empresa)	memimpin	[mɛmimpin]
discutir (notícias, etc.)	membincangkan	[mɛmbintʃaŋkan]

disparar, atirar (vi)	menembak	[mɛnembak]
dizer (vt)	berkata	[bɛrkata]
duvidar (vt)	ragu-ragu	[ragu ragu]
encontrar (achar)	menemui	[mɛnɛmui]
enganar (vt)	menipu	[mɛnipu]

entender (vt)	memahami	[mɛmahami]
entrar (na sala, etc.)	masuk	[masuk]
enviar (uma carta)	mengirim	[mɛŋirim]
errar (enganar-se)	salah	[salah]
escolher (vt)	memilih	[mɛmilih]

esconder (vt)	menyorokkan	[mɛnjorokkan]
escrever (vt)	menulis	[mɛnulis]
esperar (aguardar)	menunggu	[mɛnuŋgu]
esperar (ter esperança)	harap	[harap]
esquecer (vt)	melupakan	[mɛlupakan]

estar (vi)	sedang	[sɛdaŋ]
estudar (vt)	mempelajari	[mɛmpɛladʒari]
exigir (vt)	menuntut	[mɛnuntut]
existir (vi)	wujud	[vudʒud]
explicar (vt)	menjelaskan	[mɛndʒɛlaskan]

falar (vi)	bercakap	[bɛrtʃakap]
faltar (a la escuela, etc.)	meninggalkan	[mɛniŋgalkan]
fazer (vt)	membuat	[mɛmbuat]
ficar em silêncio	diam	[diam]
gabar-se (vr)	bercakap besar	[bɛrtʃakap bɛsar]

gostar (apreciar)	suka	[suka]
gritar (vi)	berteriak	[bɛrtɛriak]
guardar (fotos, etc.)	menyimpan	[mɛnjimpan]
informar (vt)	memberitahu	[mɛmbritahu]
insistir (vi)	mendesak	[mɛndɛsak]

insultar (vt)	menghina	[mɛɲina]
interessar-se (vr)	menaruh minat	[mɛnaruh minat]
ir (a pé)	berjalan	[bɛrdʒalan]
ir nadar	mandi	[mandi]
jantar (vi)	makan malam	[makan malam]

12. Os verbos mais importantes. Parte 3

ler (vt)	membaca	[mɛmbatʃa]
libertar, liberar (vt)	membebaskan	[mɛmbebaskan]
matar (vt)	membunuh	[mɛmbunuh]
mencionar (vt)	menyebut	[mɛnjebut]
mostrar (vt)	menunjukkan	[mɛnundʒukkan]

mudar (modificar)	mengubah	[mɛɲubah]
nadar (vi)	berenang	[bɛrɛnaŋ]
negar-se a … (vr)	menolak	[mɛnolak]
objetar (vt)	membantah	[mɛmbantah]

observar (vt)	menyaksikan	[mɛnjaksikan]
ordenar (mil.)	memerintah	[mɛmɛrintah]
ouvir (vt)	mendengar	[mɛndɛŋar]
pagar (vt)	membayar	[mɛmbajar]
parar (vi)	berhenti	[bɛrhɛnti]

parar, cessar (vt)	memberhentikan	[mɛmbɛrhɛntikan]
participar (vi)	menyertai	[mɛnjertai]
pedir (comida, etc.)	menempah	[mɛnɛmpah]
pedir (um favor, etc.)	meminta	[mɛminta]
pegar (tomar)	mengambil	[mɛɲambil]

pegar (uma bola)	menangkap	[mɛnaŋkap]
pensar (vi, vt)	berfikir	[bɛrfikir]
perceber (ver)	memerhatikan	[mɛmɛrhatikan]
perdoar (vt)	memaafkan	[mɛmaafkan]
perguntar (vt)	menyoal	[mɛnjoal]

permitir (vt)	mengizinkan	[mɛɲiziŋkan]
pertencer a … (vi)	kepunyaan	[kɛpunjaan]
planejar (vt)	merancang	[mɛrantʃaŋ]
poder (~ fazer algo)	boleh	[bole]
possuir (uma casa, etc.)	memiliki	[mɛmiliki]

preferir (vt)	lebih suka	[lɛbih suka]
preparar (vt)	memasak	[mɛmasak]
prever (vt)	menjangkakan	[mɛndʒaŋkakan]
prometer (vt)	menjanji	[mɛndʒandʒi]
pronunciar (vt)	menyebut	[mɛnjebut]

propor (vt)	mencadangkan	[mɛntʃadaŋkan]
punir (castigar)	menghukum	[mɛŋɣukum]
quebrar (vt)	memecahkan	[mɛmɛtʃahkan]
queixar-se de ...	mengadu	[mɛŋadu]
querer (desejar)	mahu, hendak	[mahu], [hɛndak]

13. Os verbos mais importantes. Parte 4

ralhar, repreender (vt)	memarahi	[mɛmarahi]
recomendar (vt)	menasihatkan	[mɛnasihatkan]
repetir (dizer outra vez)	mengulang	[mɛŋulaŋ]
reservar (~ um quarto)	menempah	[mɛnɛmpah]
responder (vt)	menjawab	[mɛndʒavab]

rezar, orar (vi)	bersembahyang	[bɛrsɛmbaɦjaŋ]
rir (vi)	ketawa	[kɛtava]
roubar (vt)	mencuri	[mɛntʃuri]
saber (vt)	tahu	[tahu]
sair (~ de casa)	keluar	[kɛluar]

salvar (resgatar)	menyelamatkan	[mɛnjelamatkan]
seguir (~ alguém)	mengikuti	[mɛŋikuti]
sentar-se (vr)	duduk	[duduk]
ser (vi)	ialah	[ialah]
ser necessário	diperlukan	[dipɛrlukan]

significar (vt)	bererti	[bɛrɛrti]
sorrir (vi)	senyum	[sɛnjum]
subestimar (vt)	memperkecilkan	[mɛmpɛrkɛtʃilkan]
surpreender-se (vr)	hairan	[hajran]

tentar (~ fazer)	mencuba	[mɛntʃuba]
ter (vt)	mempunyai	[mɛmpunjai]
ter fome	lapar	[lapar]

ter medo	takut	[takut]
ter sede	haus	[haus]
tocar (com as mãos)	menyentuh	[mɛnjentuh]
tomar café da manhã	makan pagi	[makan pagi]

| trabalhar (vi) | bekerja | [bɛkɛrdʒa] |
| traduzir (vt) | menterjemahkan | [mɛntɛrdʒɛmahkan] |

unir (vt)	menyatukan	[mɛnjatukan]
vender (vt)	menjual	[mɛndʒual]
ver (vt)	melihat	[mɛlihat]
virar (~ para a direita)	membelok	[mɛmblok]
voar (vi)	terbang	[tɛrbaŋ]

14. Cores

cor (f)	warna	[varna]
tom (m)	sisip warna	[sisip varna]
tonalidade (m)	warna	[varna]
arco-íris (m)	pelangi	[pɛlaɲi]
branco (adj)	putih	[putih]
preto (adj)	hitam	[hitam]
cinza (adj)	abu-abu	[abu abu]
verde (adj)	hijau	[hidʒau]
amarelo (adj)	kuning	[kuniŋ]
vermelho (adj)	merah	[merah]
azul (adj)	biru	[biru]
azul claro (adj)	biru muda	[biru muda]
rosa (adj)	merah jambu	[merah dʒambu]
laranja (adj)	oren, jingga	[oren], [dʒiŋga]
violeta (adj)	ungu	[uɲu]
marrom (adj)	coklat	[tʃoklat]
dourado (adj)	emas	[ɛmas]
prateado (adj)	keperak-perakan	[kɛperak perakan]
bege (adj)	kuning air	[kuniŋ air]
creme (adj)	putih kuning	[putih kuniŋ]
turquesa (adj)	firus	[firus]
vermelho cereja (adj)	merah ceri	[merah tʃeri]
lilás (adj)	ungu	[uɲu]
carmim (adj)	merah lembayung	[merah lɛmbajuŋ]
claro (adj)	terang	[tɛraŋ]
escuro (adj)	gelap	[glap]
vivo (adj)	berkilau	[bɛrkilau]
de cor	berwarna	[bɛrvarna]
a cores	berwarna	[bɛrvarna]
preto e branco (adj)	hitam-putih	[hitam putih]
unicolor (de uma só cor)	polos	[polos]
multicolor (adj)	beraneka warna	[bɛraneka varna]

15. Questões

Quem?	Siapa?	[siapa]
O que?	Apa?	[apa]
Onde?	Di mana?	[di mana]
Para onde?	Ke mana?	[kɛ mana]
De onde?	Dari mana?	[dari mana]
Quando?	Bila?	[bila]
Para quê?	Untuk apa?	[untuk apa]
Por quê?	Mengapa?	[mɛŋapa]
Para quê?	Untuk apa?	[untuk apa]

Como?	Bagaimana?	[bagajmana]
Qual (~ é o problema?)	Apa? Yang mana?	[apa], [jaŋ mana]
Qual (~ deles?)	Yang mana?	[jaŋ mana]

A quem?	Kepada siapa?	[kɛpada siapa]
De quem?	Tentang siapa?	[tɛntaŋ siapa]
Do quê?	Tentang apa?	[tɛntaŋ apa]
Com quem?	Dengan siapa?	[dɛŋan siapa]

Quanto, -os, -as?	Berapa?	[brapa]
De quem (~ é isto?)	Siapa punya?	[siapa punja]

16. Preposições

com (prep.)	bersama dengan	[bɛrsama dɛŋan]
sem (prep.)	tanpa	[tanpa]
a, para (exprime lugar)	ke	[kɛ]
sobre (ex. falar ~)	tentang	[tɛntaŋ]
antes de ...	sebelum	[sɛbɛlum]
em frente de ...	di depan	[di dɛpan]

debaixo de ...	di bawah	[di bavah]
sobre (em cima de)	di atas	[di atas]
em ..., sobre ...	di atas	[di atas]
de, do (sou ~ Rio de Janeiro)	dari	[dari]
de (feito ~ pedra)	daripada	[daripada]

em (~ 3 dias)	selepas	[sɛlɛpas]
por cima de ...	melalui	[mɛlalui]

17. Palavras funcionais. Advérbios. Parte 1

Onde?	Di mana?	[di mana]
aqui	di sini	[di sini]
lá, ali	di situ	[di situ]

em algum lugar	pada sesuatu tempat	[pada sɛsuatu tɛmpat]
em lugar nenhum	tak di mana-mana	[tak di mana mana]

perto de ...	dekat, kat	[dɛkat], [kat]
perto da janela	kat tingkap	[kat tiŋkap]

Para onde?	Ke mana?	[kɛ mana]
aqui	ke sini	[kɛ sini]
para lá	ke situ	[kɛ situ]
daqui	dari sini	[dari sini]
de lá, dali	dari situ	[dari situ]

perto	dekat	[dɛkat]
longe	jauh	[dʒauh]
perto de ...	dekat	[dɛkat]
à mão, perto	dekat	[dɛkat]

não fica longe	**tidak jauh**	[tidak dʒauh]
esquerdo (adj)	**kiri**	[kiri]
à esquerda	**di kiri**	[di kiri]
para a esquerda	**ke kiri**	[kɛ kiri]
direito (adj)	**kanan**	[kanan]
à direita	**di kanan**	[di kanan]
para a direita	**ke kanan**	[kɛ kanan]
em frente	**di depan**	[di dɛpan]
da frente	**depan**	[dɛpan]
adiante (para a frente)	**ke depan**	[kɛ dɛpan]
atrás de ...	**di belakang**	[di blakaŋ]
de trás	**dari belakang**	[dari blakaŋ]
para trás	**mundur**	[mundur]
meio (m), metade (f)	**tengah**	[tɛŋah]
no meio	**di tengah**	[di tɛŋah]
do lado	**dari sisi**	[dari sisi]
em todo lugar	**di mana-mana**	[di mana mana]
por todos os lados	**di sekitar**	[di sɛkitar]
de dentro	**dari dalam**	[dari dalam]
para algum lugar	**entah ke mana**	[ɛntah kɛ mana]
diretamente	**terus**	[trus]
de volta	**balik**	[balik]
de algum lugar	**dari sesuatu tempat**	[dari sɛsuatu tɛmpat]
de algum lugar	**entah dari mana**	[ɛntah dari mana]
em primeiro lugar	**pertama**	[pɛrtama]
em segundo lugar	**kedua**	[kɛdua]
em terceiro lugar	**ketiga**	[kɛtiga]
de repente	**tiba-tiba**	[tiba tiba]
no início	**mula-mula**	[mula mula]
pela primeira vez	**pertama kali**	[pɛrtama kali]
muito antes de ...	**lama sebelum**	[lama sɛbɛlum]
de novo	**semula**	[sɛmula]
para sempre	**untuk selama-lamanya**	[untuk sɛlama lamanja]
nunca	**tidak sekali-kali**	[tidak sɛkali kali]
de novo	**lagi, semula**	[lagi], [sɛmula]
agora	**sekarang, kini**	[sɛkaraŋ], [kini]
frequentemente	**seringkali**	[sɛriŋkali]
então	**ketika itu**	[kɛtika itu]
urgentemente	**segera**	[sɛgɛra]
normalmente	**biasanya**	[bijasanja]
a propósito, ...	**oh ya**	[o ja]
é possível	**mungkin**	[muŋkin]
provavelmente	**mungkin**	[muŋkin]
talvez	**mungkin**	[muŋkin]
além disso, ...	**selain itu**	[sɛlajn itu]

por isso ...	kerana itu	[krana itu]
apesar de ...	meskipun	[mɛskipun]
graças a ...	berkat	[bɛrkat]

que (pron.)	apa	[apa]
que (conj.)	bahawa	[bahva]
algo	sesuatu	[sɛsuatu]
alguma coisa	sesuatu	[sɛsuatu]
nada	tidak apa-apa	[tidak apa apa]

quem	siapa	[siapa]
alguém (~ que ...)	seseorang	[sɛsɛoraŋ]
alguém (com ~)	seseorang	[sɛsɛoraŋ]

ninguém	tak seorang pun	[tak sɛoraŋ pun]
para lugar nenhum	tak ke mana pun	[tak ke mana pun]
de ninguém	tak bertuan	[tak bɛrtuan]
de alguém	milik seseorang	[milik sɛsɛoraŋ]

tão	begitu	[bɛgitu]
também (gostaria ~ de ...)	juga	[dʒuga]
também (~ eu)	juga	[dʒuga]

18. Palavras funcionais. Advérbios. Parte 2

Por quê?	Mengapa?	[mɛŋapa]
por alguma razão	entah mengapa	[ɛntah meŋapa]
porque ...	oleh kerana	[oleh krana]
por qualquer razão	entah untuk apa	[ɛntah untuk apa]

e (tu ~ eu)	dan	[dan]
ou (ser ~ não ser)	atau	[atau]
mas (porém)	tetapi	[tɛtapi]
para (~ a minha mãe)	untuk	[untuk]

muito, demais	terlalu	[tɛrlalu]
só, somente	hanya	[hanja]
exatamente	tepat	[tɛpat]
cerca de (~ 10 kg)	sekitar	[sɛkitar]

aproximadamente	lebih kurang	[lɛbih kuraŋ]
aproximado (adj)	lebih kurang	[lɛbih kuraŋ]
quase	hampir	[hampir]
resto (m)	yang lain	[jaŋ lajn]

o outro (segundo)	kedua	[kɛdua]
outro (adj)	lain	[lajn]
cada (adj)	setiap	[sɛtiap]
qualquer (adj)	sebarang	[sɛbaraŋ]
muito, muitos, muitas	ramai, banyak	[ramaj], [banjak]
muitas pessoas	ramai orang	[ramaj oraŋ]
todos	semua	[sɛmua]
em troca de ...	sebagai pertukaran untuk	[sɛbagaj pɛrtukaran untuk]
em troca	sebagai tukaran	[sɛbagaj tukaran]

| à mão | dengan tangan | [dɛŋan taŋan] |
| pouco provável | mustahil | [mustahil] |

provavelmente	mungkin	[muŋkin]
de propósito	sengaja	[sɛŋadʒa]
por acidente	tidak sengaja	[tidak sɛŋadʒa]

muito	sangat	[saŋat]
por exemplo	misalnya	[misalnja]
entre	antara	[antara]
entre (no meio de)	di antara	[di antara]
tanto	seberapa ini	[sɛbrapa ini]
especialmente	terutama	[tɛrutama]

Conceitos básicos. Parte 2

19. Dias da semana

segunda-feira (f)	Hari Isnin	[hari isnin]
terça-feira (f)	Hari Selasa	[hari sɛlasa]
quarta-feira (f)	Hari Rabu	[hari rabu]
quinta-feira (f)	Hari Khamis	[hari kamis]
sexta-feira (f)	Hari Jumaat	[hari dʒumaat]
sábado (m)	Hari Sabtu	[hari sabtu]
domingo (m)	Hari Ahad	[hari ahad]

hoje	hari ini	[hari ini]
amanhã	besok	[besok]
depois de amanhã	besok lusa	[besok lusa]
ontem	semalam	[sɛmalam]
anteontem	kelmarin	[kɛlmarin]

dia (m)	hari	[hari]
dia (m) de trabalho	hari kerja	[hari kɛrdʒa]
feriado (m)	cuti umum	[tʃuti umum]
dia (m) de folga	hari kelepasan	[hari kɛlɛpasan]
fim (m) de semana	hujung minggu	[hudʒuŋ miŋgu]

o dia todo	seluruh hari	[sɛluruh hari]
no dia seguinte	pada hari berikutnya	[pada hari bɛrikutnja]
há dois dias	dua hari lepas	[dua hari lɛpas]
na véspera	menjelang	[mɛndʒɛlaŋ]
diário (adj)	harian	[harian]
todos os dias	setiap hari	[sɛtiap hari]

semana (f)	minggu	[miŋgu]
na semana passada	pada minggu lepas	[pada miŋgu lɛpas]
semana que vem	pada minggu berikutnya	[pada miŋgu bɛrikutnja]
semanal (adj)	mingguan	[miŋguan]
toda semana	setiap minggu	[sɛtiap miŋgu]
duas vezes por semana	dua kali seminggu	[dua kali sɛmiŋgu]
toda terça-feira	setiap Hari Selasa	[sɛtiap hari sɛlasa]

20. Horas. Dia e noite

manhã (f)	pagi	[pagi]
de manhã	pagi hari	[pagi hari]
meio-dia (m)	tengah hari	[tɛŋah hari]
à tarde	petang hari	[pɛtaŋ hari]

tardinha (f)	petang, malam	[pɛtaŋ], [malam]
à tardinha	pada waktu petang	[pada vaktu pɛtaŋ]

noite (f)	malam	[malam]
à noite	pada malam	[pada malam]
meia-noite (f)	tengah malam	[tɛŋah malam]

segundo (m)	saat	[saat]
minuto (m)	minit	[minit]
hora (f)	jam	[dʒam]
meia hora (f)	separuh jam	[sɛparuh dʒam]
quarto (m) de hora	suku jam	[suku dʒam]
quinze minutos	lima belas minit	[lima blas minit]
vinte e quatro horas	siang malam	[siaŋ malam]

nascer (m) do sol	matahari terbit	[matahari tɛrbit]
amanhecer (m)	subuh	[subuh]
madrugada (f)	awal pagi	[aval pagi]
pôr-do-sol (m)	matahari terbenam	[matahari tɛrbɛnam]

de madrugada	pagi-pagi	[pagi pagi]
esta manhã	pagi ini	[pagi ini]
amanhã de manhã	besok pagi	[bɛsok pagi]

esta tarde	petang ini	[pɛtaŋ ini]
à tarde	petang hari	[pɛtaŋ hari]
amanhã à tarde	besok petang	[besok pɛtaŋ]

esta noite, hoje à noite	petang ini	[pɛtaŋ ini]
amanhã à noite	besok malam	[besok malam]

às três horas em ponto	pukul 3 tepat	[pukul tiga tɛpat]
por volta das quatro	sekitar pukul 4	[sɛkitar pukul ɛmpat]
às doze	sampai pukul 12	[sampaj pukul dua blas]

em vinte minutos	selepas 20 minit	[sɛlɛpas dua puluh minit]
em uma hora	selepas satu jam	[sɛlɛpas satu dʒam]
a tempo	tepat pada masanya	[tɛpat pada masanja]

... um quarto para	kurang suku	[kuraŋ suku]
dentro de uma hora	selama sejam	[sɛlama sɛdʒam]
a cada quinze minutos	setiap 15 minit	[sɛtiap lima blas minit]
as vinte e quatro horas	siang malam	[siaŋ malam]

21. Meses. Estações

janeiro (m)	Januari	[dʒanuari]
fevereiro (m)	Februari	[februari]
março (m)	Mac	[matʃ]
abril (m)	April	[april]
maio (m)	Mei	[mej]
junho (m)	Jun	[dʒun]

julho (m)	Julai	[dʒulaj]
agosto (m)	Ogos	[ogos]
setembro (m)	September	[septembɛr]
outubro (m)	Oktober	[oktobɛr]

novembro (m)	November	[novembɛr]
dezembro (m)	Disember	[disembɛr]

primavera (f)	musim bunga	[musim buŋa]
na primavera	pada musim bunga	[pada musim buŋa]
primaveril (adj)	musim bunga	[musim buŋa]

verão (m)	musim panas	[musim panas]
no verão	pada musim panas	[pada musim panas]
de verão	musim panas	[musim panas]

outono (m)	musim gugur	[musim gugur]
no outono	pada musim gugur	[pada musim gugur]
outonal (adj)	musim gugur	[musim gugur]

inverno (m)	musim sejuk	[musim sɛdʒuk]
no inverno	pada musim sejuk	[pada musim sɛdʒuk]
de inverno	musim sejuk	[musim sɛdʒuk]

mês (m)	bulan	[bulan]
este mês	pada bulan ini	[pada bulan ini]
mês que vem	pada bulan berikutnya	[pada bulan bɛrikutnja]
no mês passado	pada bulan yang lepas	[pada bulan jaŋ lɛpas]

um mês atrás	sebulan lepas	[sɛbulan lɛpas]
em um mês	selepas satu bulan	[sɛlɛpas satu bulan]
em dois meses	selepas 2 bulan	[sɛlɛpas dua bulan]
todo o mês	seluruh bulan	[sɛluruh bulan]
um mês inteiro	seluruh bulan	[sɛluruh bulan]

mensal (adj)	bulanan	[bulanan]
mensalmente	setiap bulan	[sɛtiap bulan]
todo mês	setiap bulan	[sɛtiap bulan]
duas vezes por mês	dua kali sebulan	[dua kali sɛbulan]

ano (m)	tahun	[tahun]
este ano	pada tahun ini	[pada tahun ini]
ano que vem	pada tahun berikutnya	[pada tahun bɛrikutnja]
no ano passado	pada tahun yang lepas	[pada tahun jaŋ lɛpas]

há um ano	setahun lepas	[setahun lɛpas]
em um ano	selepas satu tahun	[sɛlɛpas satu tahun]
dentro de dois anos	selepas 2 tahun	[sɛlɛpas dua tahun]
todo o ano	seluruh tahun	[sɛluruh tahun]
um ano inteiro	seluruh tahun	[sɛluruh tahun]

cada ano	setiap tahun	[sɛtiap tahun]
anual (adj)	tahunan	[tahunan]
anualmente	setiap tahun	[sɛtiap tahun]
quatro vezes por ano	empat kali setahun	[ɛmpat kali sɛtahun]

data (~ de hoje)	tarikh	[tarih]
data (ex. ~ de nascimento)	tarikh	[tarih]
calendário (m)	takwim	[takvim]
meio ano	separuh tahun	[sɛparuh tahun]
seis meses	separuh tahun	[sɛparuh tahun]

| estação (f) | musim | [musim] |
| século (m) | abad | [abad] |

22. Unidades de medida

peso (m)	berat	[brat]
comprimento (m)	panjang	[pandʒaŋ]
largura (f)	kelebaran	[kɛlebaran]
altura (f)	ketinggian	[kɛtiŋgian]
profundidade (f)	kedalaman	[kɛdalaman]
volume (m)	isi padu	[isi padu]
área (f)	luas	[luas]

grama (m)	gram	[gram]
miligrama (m)	miligram	[miligram]
quilograma (m)	kilogram	[kilogram]
tonelada (f)	tan	[tan]
libra (453,6 gramas)	paun	[paun]
onça (f)	auns	[auns]

metro (m)	meter	[metɛr]
milímetro (m)	milimeter	[milimetɛr]
centímetro (m)	sentimeter	[sentimetɛr]
quilômetro (m)	kilometer	[kilometɛr]
milha (f)	batu	[batu]

polegada (f)	inci	[intʃi]
pé (304,74 mm)	kaki	[kaki]
jarda (914,383 mm)	ela	[ela]

| metro (m) quadrado | meter persegi | [metɛr pɛrsɛgi] |
| hectare (m) | hektar | [hektar] |

litro (m)	liter	[litɛr]
grau (m)	darjah	[dardʒah]
volt (m)	volt	[volt]
ampère (m)	ampere	[amperɛ]
cavalo (m) de potência	kuasa kuda	[kuasa kuda]

quantidade (f)	kuantiti	[kuantiti]
um pouco de ...	sedikit	[sɛdikit]
metade (f)	setengah	[sɛtɛŋah]

| dúzia (f) | dozen | [dozen] |
| peça (f) | buah | [buah] |

| tamanho (m), dimensão (f) | saiz, ukuran | [sajz], [ukuran] |
| escala (f) | skala | [skala] |

mínimo (adj)	minimum	[minimum]
menor, mais pequeno	terkecil	[tɛrkɛtʃil]
médio (adj)	sederhana	[sɛdɛrhana]
máximo (adj)	maksimum	[maksimum]
maior, mais grande	terbesar	[tɛrbɛsar]

23. Recipientes

pote (m) de vidro	balang	[balaŋ]
lata (~ de cerveja)	tin	[tin]
balde (m)	baldi	[baldi]
barril (m)	tong	[toŋ]
bacia (~ de plástico)	besen	[besen]
tanque (m)	tangki	[taŋki]
cantil (m) de bolso	kelalang, flask	[kɛlalaŋ], [flask]
galão (m) de gasolina	tin	[tin]
cisterna (f)	tangki	[taŋki]
caneca (f)	koleh	[koleh]
xícara (f)	cawan	[ʧavan]
pires (m)	alas cawan	[alas ʧavan]
copo (m)	gelas	[glas]
taça (f) de vinho	gelas	[glas]
panela (f)	periuk	[priuk]
garrafa (f)	botol	[botol]
gargalo (m)	leher	[leher]
jarra (f)	serahi	[sɛrahi]
jarro (m)	kendi	[kɛndi]
recipiente (m)	bekas	[bɛkas]
pote (m)	belanga	[bɛlaŋa]
vaso (m)	vas	[vas]
frasco (~ de perfume)	botol	[botol]
frasquinho (m)	buli-buli	[buli buli]
tubo (m)	tiub	[tiub]
saco (ex. ~ de açúcar)	karung	[karuŋ]
sacola (~ plastica)	peket	[peket]
maço (de cigarros, etc.)	kotak	[kotak]
caixa (~ de sapatos, etc.)	kotak, peti	[kotak], [pɛti]
caixote (~ de madeira)	kotak	[kotak]
cesto (m)	bakul	[bakul]

O SER HUMANO

O ser humano. O corpo

24. Cabeça

cabeça (f)	kepala	[kɛpala]
rosto, cara (f)	muka	[muka]
nariz (m)	hidung	[hiduŋ]
boca (f)	mulut	[mulut]
olho (m)	mata	[mata]
olhos (m pl)	mata	[mata]
pupila (f)	anak mata	[anak mata]
sobrancelha (f)	kening	[kɛniŋ]
cílio (f)	bulu mata	[bulu mata]
pálpebra (f)	kekopak mata	[kɛkopak mata]
língua (f)	lidah	[lidah]
dente (m)	gigi	[gigi]
lábios (m pl)	bibir	[bibir]
maçãs (f pl) do rosto	tulang pipi	[tulaŋ pipi]
gengiva (f)	gusi	[gusi]
palato (m)	lelangit	[lɛlaŋit]
narinas (f pl)	lubang hidung	[lubaŋ hiduŋ]
queixo (m)	dagu	[dagu]
mandíbula (f)	rahang	[rahaŋ]
bochecha (f)	pipi	[pipi]
testa (f)	dahi	[dahi]
têmpora (f)	pelipis	[pɛlipis]
orelha (f)	telinga	[tɛliŋa]
costas (f pl) da cabeça	tengkuk	[tɛŋkuk]
pescoço (m)	leher	[leher]
garganta (f)	kerongkong	[kɛroŋkoŋ]
cabelo (m)	rambut	[rambut]
penteado (m)	potongan rambut	[potoŋan rambut]
corte (m) de cabelo	potongan rambut	[potoŋan rambut]
peruca (f)	rambut palsu, wig	[rambut palsu], [vig]
bigode (m)	misai	[misaj]
barba (f)	janggut	[dʒaŋgut]
ter (~ barba, etc.)	memelihara	[mɛmɛlihara]
trança (f)	tocang	[totʃaŋ]
suíças (f pl)	jambang	[dʒambaŋ]
ruivo (adj)	berambut merah perang	[bɛrambut mɛrah peraŋ]
grisalho (adj)	beruban	[bɛruban]

careca (adj)	**botak**	[botak]
calva (f)	**botak**	[botak]

rabo-de-cavalo (m)	**ikat ekor kuda**	[ikat ekor kuda]
franja (f)	**jambul**	[dʒambul]

25. Corpo humano

mão (f)	**tangan**	[taŋan]
braço (m)	**lengan**	[lɛŋan]

dedo (m)	**jari**	[dʒari]
dedo (m) do pé	**jari**	[dʒari]
polegar (m)	**ibu jari**	[ibu dʒari]
dedo (m) mindinho	**jari kelengkeng**	[dʒari kɛleŋkŋ]
unha (f)	**kuku**	[kuku]

punho (m)	**penumbuk**	[pɛnumbuk]
palma (f)	**telapak**	[tɛlapak]
pulso (m)	**pergelangan**	[pɛrgɛlaŋan]
antebraço (m)	**lengan bawah**	[lɛŋan bavah]
cotovelo (m)	**siku**	[siku]
ombro (m)	**bahu**	[bahu]

perna (f)	**kaki**	[kaki]
pé (m)	**telapak kaki**	[telapak kaki]
joelho (m)	**lutut**	[lutut]
panturrilha (f)	**betis**	[bɛtis]
quadril (m)	**paha**	[paha]
calcanhar (m)	**tumit**	[tumit]

corpo (m)	**badan**	[badan]
barriga (f), ventre (m)	**perut**	[prut]
peito (m)	**dada**	[dada]
seio (m)	**tetek**	[tetek]
lado (m)	**rusuk**	[rusuk]
costas (dorso)	**belakang**	[blakaŋ]
região (f) lombar	**pinggul**	[piŋgul]
cintura (f)	**pinggang**	[piŋgaŋ]

umbigo (m)	**pusat**	[pusat]
nádegas (f pl)	**punggung**	[puŋguŋ]
traseiro (m)	**punggung**	[puŋguŋ]

sinal (m), pinta (f)	**tahi lalat manis**	[tahi lalat manis]
sinal (m) de nascença	**tanda kelahiran**	[tanda kɛlahiran]
tatuagem (f)	**tatu**	[tatu]
cicatriz (f)	**bekas luka**	[bɛkas luka]

Vestuário & Acessórios

26. Roupa exterior. Casacos

roupa (f)	pakaian	[pakajan]
roupa (f) exterior	pakaian luar	[pakajan luar]
roupa (f) de inverno	pakaian musim sejuk	[pakajan musim sɛʤuk]
sobretudo (m)	kot luaran	[kot luaran]
casaco (m) de pele	kot bulu	[kot bulu]
jaqueta (f) de pele	jaket berbulu	[ʤaket berbulu]
casaco (m) acolchoado	kot bulu pelepah	[kot bulu pɛlɛpah]
casaco (m), jaqueta (f)	jaket	[ʤaket]
impermeável (m)	baju hujan	[baʤu huʤan]
a prova d'água	kalis air	[kalis air]

27. Vestuário de homem & mulher

camisa (f)	baju	[baʤu]
calça (f)	seluar	[sɛluar]
jeans (m)	seluar jean	[sɛluar ʤin]
paletó, terno (m)	jaket	[ʤaket]
terno (m)	suit	[suit]
vestido (ex. ~ de noiva)	gaun	[gaun]
saia (f)	skirt	[skirt]
blusa (f)	blaus	[blaus]
casaco (m) de malha	jaket kait	[ʤaket kait]
casaco, blazer (m)	jaket	[ʤaket]
camiseta (f)	baju kaus	[baʤu kaus]
short (m)	seluar pendek	[sɛluar pendek]
training (m)	pakaian sukan	[pakajan sukan]
roupão (m) de banho	jubah mandi	[ʤubah mandi]
pijama (m)	pijama	[piʤama]
suéter (m)	sweater	[svetɛr]
pulôver (m)	pullover	[pullovɛr]
colete (m)	rompi	[rompi]
fraque (m)	kot bajang	[kot baʤaŋ]
smoking (m)	toksedo	[toksedo]
uniforme (m)	pakaian seragam	[pakajan sɛragam]
roupa (f) de trabalho	pakaian kerja	[pakajan kɛrʤa]
macacão (m)	baju monyet	[baʤu monjet]
jaleco (m), bata (f)	baju	[baʤu]

28. Vestuário. Roupa interior

roupa (f) íntima	pakaian dalam	[pakajan dalam]
cueca boxer (f)	seluar dalam lelaki	[sɛluar dalam lɛlaki]
calcinha (f)	seluar dalam perempuan	[sɛluar dalam pɛrɛmpuan]
camiseta (f)	singlet	[siŋlet]
meias (f pl)	sok	[sok]
camisola (f)	baju tidur	[badʒu tidur]
sutiã (m)	kutang	[kutaŋ]
meias longas (f pl)	stoking sampai lutut	[stokiŋ sampaj lutut]
meias-calças (f pl)	sarung kaki	[saruŋ kaki]
meias (~ de nylon)	stoking	[stokiŋ]
maiô (m)	pakaian renang	[pakajan rɛnaŋ]

29. Adereços de cabeça

chapéu (m), touca (f)	topi	[topi]
chapéu (m) de feltro	topi bulat	[topi bulat]
boné (m) de beisebol	topi besbol	[topi besbol]
boina (~ italiana)	kep	[kep]
boina (ex. ~ basca)	beret	[beret]
capuz (m)	hud	[hud]
chapéu panamá (m)	topi panama	[topi panama]
touca (f)	topi kait	[topi kait]
lenço (m)	tudung	[tuduŋ]
chapéu (m) feminino	topi perempuan	[topi pɛrɛmpuan]
capacete (m) de proteção	topi besi	[topi bɛsi]
bibico (m)	topi lipat	[topi lipat]
capacete (m)	helmet	[helmet]
chapéu-coco (m)	topi bulat	[topi bulat]
cartola (f)	topi pesulap	[topi pɛsulap]

30. Calçado

calçado (m)	kasut	[kasut]
botinas (f pl), sapatos (m pl)	but	[but]
sapatos (de salto alto, etc.)	kasut wanita	[kasut vanita]
botas (f pl)	kasut lars	[kasut lars]
pantufas (f pl)	selipar	[slipar]
tênis (~ Nike, etc.)	kasut tenis	[kasut tenis]
tênis (~ Converse)	kasut kets	[kasut kets]
sandálias (f pl)	sandal	[sandal]
sapateiro (m)	tukang kasut	[tukaŋ kasut]
salto (m)	tumit	[tumit]

par (m)	sepasang	[sɛpasaŋ]
cadarço (m)	tali kasut	[tali kasut]
amarrar os cadarços	mengikat tali	[meŋikat tali]
calçadeira (f)	sudu kasut	[sudu kasut]
graxa (f) para calçado	belaking	[bɛlakiŋ]

31. Acessórios pessoais

luva (f)	sarung tangan	[saruŋ taŋan]
mitenes (f pl)	miten	[mitɛn]
cachecol (m)	selendang	[sɛlendaŋ]
óculos (m pl)	kaca mata	[katʃa mata]
armação (f)	bingkai, rim	[biŋkaj], [rim]
guarda-chuva (m)	payung	[pajuŋ]
bengala (f)	tongkat	[toŋkat]
escova (f) para o cabelo	berus rambut	[brus rambut]
leque (m)	kipas	[kipas]
gravata (f)	tai	[taj]
gravata-borboleta (f)	tali leher kupu-kupu	[tali leher kupu kupu]
suspensórios (m pl)	tali bawat	[tali bavat]
lenço (m)	sapu tangan	[sapu taŋan]
pente (m)	sikat	[sikat]
fivela (f) para cabelo	cucuk rambut	[tʃutʃuk rambut]
grampo (m)	pin rambut	[pin rambut]
fivela (f)	gancu	[gantʃu]
cinto (m)	ikat pinggang	[ikat piŋgaŋ]
alça (f) de ombro	tali beg	[tali beg]
bolsa (f)	beg	[beg]
bolsa (feminina)	beg tangan	[beg taŋan]
mochila (f)	beg galas	[beg galas]

32. Vestuário. Diversos

moda (f)	fesyen	[feʃɛn]
na moda (adj)	berfesyen	[bɛrfeʃɛn]
estilista (m)	pereka fesyen	[pɛreka feʃɛn]
colarinho (m)	kerah	[krah]
bolso (m)	saku	[saku]
de bolso	saku	[saku]
manga (f)	lengan	[lɛŋan]
ganchinho (m)	gelung sangkut	[gɛluŋ saŋkut]
bragueta (f)	golbi	[golbi]
zíper (m)	zip	[zip]
colchete (m)	kancing	[kantʃiŋ]
botão (m)	butang	[butaŋ]

botoeira (casa de botão)	**lubang butang**	[lubaŋ butaŋ]
soltar-se (vr)	**terlepas**	[tɛrlɛpas]
costurar (vi)	**menjahit**	[mɛndʒahit]
bordar (vt)	**menyulam**	[mɛnjulam]
bordado (m)	**sulaman**	[sulaman]
agulha (f)	**jarum**	[dʒarum]
fio, linha (f)	**benang**	[bɛnaŋ]
costura (f)	**jahitan**	[dʒahitan]
sujar-se (vr)	**menjadi kotor**	[mɛndʒadi kotor]
mancha (f)	**tompok**	[tompok]
amarrotar-se (vr)	**renyuk**	[rɛnjuk]
rasgar (vt)	**merobek**	[mɛrobek]
traça (f)	**gegat**	[gɛgat]

33. Cuidados pessoais. Cosméticos

pasta (f) de dente	**ubat gigi**	[ubat gigi]
escova (f) de dente	**berus gigi**	[bɛrus gigi]
escovar os dentes	**memberus gigi**	[mɛmbɛrus gigi]
gilete (f)	**pisau cukur**	[pisau ʧukur]
creme (m) de barbear	**krim cukur**	[krim ʧukur]
barbear-se (vr)	**bercukur**	[bɛrʧukur]
sabonete (m)	**sabun**	[sabun]
xampu (m)	**syampu**	[ʃampu]
tesoura (f)	**gunting**	[guntiŋ]
lixa (f) de unhas	**kikir kuku**	[kikir kuku]
corta-unhas (m)	**pemotong kuku**	[pɛmotoŋ kuku]
pinça (f)	**penyepit kecil**	[pɛnjepit kɛʧil]
cosméticos (m pl)	**alat solek**	[alat solek]
máscara (f)	**masker**	[maskɛr]
manicure (f)	**manicure**	[mɛnikjur]
fazer as unhas	**melakukan perawatan kuku tangan**	[mɛlakukan pɛravatan kuku taŋan]
pedicure (f)	**pedicure**	[pɛdikjur]
bolsa (f) de maquiagem	**beg mekap**	[beg mekap]
pó (de arroz)	**bedak**	[bɛdak]
pó (m) compacto	**kotak bedak**	[kotak bɛdak]
blush (m)	**pemerah pipi**	[pɛmerah pipi]
perfume (m)	**minyak wangi**	[minjak vaŋi]
água-de-colônia (f)	**air wangi**	[air vaŋi]
loção (f)	**losen**	[losen]
colônia (f)	**air kolong**	[air koloŋ]
sombra (f) de olhos	**pembayang mata**	[pɛmbajaŋ mata]
delineador (m)	**pensel kening**	[pensel kɛniŋ]
máscara (f), rímel (m)	**maskara**	[maskara]

batom (m)	gincu bibir	[gintʃu bibir]
esmalte (m)	pengilat kuku	[peŋilat kuku]
laquê (m), spray fixador (m)	penyembur rambut	[pɛnjembur rambut]
desodorante (m)	deodoran	[deodoran]

creme (m)	krim	[krim]
creme (m) de rosto	krim muka	[krim muka]
creme (m) de mãos	krim tangan	[krim taŋan]
creme (m) antirrugas	krim antikerut	[krim antikɛrut]
creme (m) de dia	krim siang	[krim siaŋ]
creme (m) de noite	krim malam	[krim malam]
de dia	siang	[siaŋ]
da noite	malam	[malam]

absorvente (m) interno	tampon	[tampon]
papel (m) higiênico	kertas tandas	[kɛrtas tandas]
secador (m) de cabelo	pengering rambut	[pɛŋeriŋ rambut]

34. Relógios de pulso. Relógios

relógio (m) de pulso	jam tangan	[dʒam taŋan]
mostrador (m)	permukaan jam	[permukaan dʒam]
ponteiro (m)	jarum	[dʒarum]
bracelete (em aço)	gelang jam tangan	[gɛlaŋ dʒam taŋan]
bracelete (em couro)	tali jam	[tali dʒam]

pilha (f)	bateri	[batɛri]
acabar (vi)	luput	[luput]
trocar a pilha	menukar bateri	[menukar batɛri]
estar adiantado	kecepatan	[kɛtʃɛpatan]
estar atrasado	ketinggalan	[kɛtiŋgalan]

relógio (m) de parede	jam dinding	[dʒam dindiŋ]
ampulheta (f)	jam pasir	[dʒam pasir]
relógio (m) de sol	jam matahari	[dʒam matahari]
despertador (m)	jam loceng	[dʒam lotʃeŋ]
relojoeiro (m)	tukang jam	[tukaŋ dʒam]
reparar (vt)	membaiki	[mɛmbaiki]

Alimentação. Nutrição

35. Comida

carne (f)	daging	[dagiŋ]
galinha (f)	ayam	[ajam]
frango (m)	anak ayam	[anak ajam]
pato (m)	itik	[itik]
ganso (m)	angsa	[aŋsa]
caça (f)	burung buruan	[buruŋ buruan]
peru (m)	ayam belanda	[ajam blanda]
carne (f) de porco	daging babi	[dagiŋ babi]
carne (f) de vitela	daging anak lembu	[dagiŋ anak lembu]
carne (f) de carneiro	daging bebiri	[dagiŋ bɛbiri]
carne (f) de vaca	daging lembu	[dagiŋ lɛmbu]
carne (f) de coelho	arnab	[arnab]
linguiça (f), salsichão (m)	sosej worst	[sosedʒ vorst]
salsicha (f)	sosej	[sosedʒ]
bacon (m)	dendeng babi	[deŋdeŋ babi]
presunto (m)	ham	[ham]
pernil (m) de porco	gamon	[gamon]
patê (m)	pate	[patɛ]
fígado (m)	hati	[hati]
guisado (m)	bahan kisar	[bahan kisar]
língua (f)	lidah	[lidah]
ovo (m)	telur	[tɛlur]
ovos (m pl)	telur-telur	[tɛlur tɛlur]
clara (f) de ovo	putih telur	[putih tɛlur]
gema (f) de ovo	kuning telur	[kuniŋ tɛlur]
peixe (m)	ikan	[ikan]
mariscos (m pl)	makanan laut	[makanan laut]
crustáceos (m pl)	krustasia	[krustasia]
caviar (m)	caviar	[kaviar]
caranguejo (m)	ketam	[kɛtam]
camarão (m)	udang	[udaŋ]
ostra (f)	tiram	[tiram]
lagosta (f)	udang krai	[udaŋ kraj]
polvo (m)	sotong	[sotoŋ]
lula (f)	cumi-cumi	[ʧumi ʧumi]
esturjão (m)	ikan sturgeon	[ikan sturgeon]
salmão (m)	salmon	[salmon]
halibute (m)	ikan halibut	[ikan halibut]
bacalhau (m)	ikan kod	[ikan kod]

cavala, sarda (f)	ikan tenggiri	[ikan tɛŋgiri]
atum (m)	tuna	[tuna]
enguia (f)	ikan keli	[ikan kli]
truta (f)	ikan trout	[ikan trout]
sardinha (f)	sadin	[sadin]
lúcio (m)	ikan paik	[ikan pajk]
arenque (m)	ikan hering	[ikan hɛriŋ]
pão (m)	roti	[roti]
queijo (m)	keju	[kɛdʒu]
açúcar (m)	gula	[gula]
sal (m)	garam	[garam]
arroz (m)	beras, nasi	[bras], [nasi]
massas (f pl)	pasta	[pasta]
talharim, miojo (m)	mie	[mi]
manteiga (f)	mentega	[mɛntega]
óleo (m) vegetal	minyak sayur	[minjak sajur]
óleo (m) de girassol	minyak bunga matahari	[minjak buŋa matahari]
margarina (f)	marjerin	[mardʒɛrin]
azeitonas (f pl)	buah zaitun	[buah zajtun]
azeite (m)	minyak zaitun	[minjak zaɪtun]
leite (m)	susu	[susu]
leite (m) condensado	susu pekat	[susu pɛkat]
iogurte (m)	yogurt	[jogurt]
creme (m) azedo	krim asam	[krim asam]
creme (m) de leite	krim	[krim]
maionese (f)	mayonis	[majonis]
creme (m)	krim	[krim]
grãos (m pl) de cereais	bijirin berkupas	[bidʒirin bɛrkupas]
farinha (f)	tepung	[tɛpuŋ]
enlatados (m pl)	makanan dalam tin	[makanan dalam tin]
flocos (m pl) de milho	emping jagung	[ɛmpiŋ dʒaguŋ]
mel (m)	madu	[madu]
geleia (m)	jem	[dʒɛm]
chiclete (m)	gula-gula getah	[gula gula gɛtah]

36. Bebidas

água (f)	air	[air]
água (f) potável	air minum	[air minum]
água (f) mineral	air galian	[air galian]
sem gás (adj)	tanpa gas	[tanpa gas]
gaseificada (adj)	bergas	[bɛrgas]
com gás	bergas	[bɛrgas]
gelo (m)	ais	[ajs]

com gelo	dengan ais	[dɛŋan ajs]
não alcoólico (adj)	tanpa alkohol	[tanpa alkohol]
refrigerante (m)	minuman ringan	[minuman riŋan]
refresco (m)	minuman segar	[minuman sɛgar]
limonada (f)	limonad	[limonad]

bebidas (f pl) alcoólicas	arak	[arak]
vinho (m)	wain	[vajn]
vinho (m) branco	wain putih	[vajn putih]
vinho (m) tinto	wain merah	[vajn merah]

licor (m)	likur	[likur]
champanhe (m)	champagne	[ʃampejn]
vermute (m)	vermouth	[vermut]

uísque (m)	wiski	[viski]
vodca (f)	vodka	[vodka]
gim (m)	gin	[dʒin]
conhaque (m)	cognac	[konjak]
rum (m)	rum	[ram]

café (m)	kopi	[kopi]
café (m) preto	kopi O	[kopi o]
café (m) com leite	kopi susu	[kopi susu]
cappuccino (m)	cappuccino	[kaputʃino]
café (m) solúvel	kopi segera	[kopi sɛgɛra]

leite (m)	susu	[susu]
coquetel (m)	koktel	[koktel]
batida (f), milkshake (m)	susu kocak	[susu kotʃak]

suco (m)	jus	[dʒus]
suco (m) de tomate	jus tomato	[dʒus tomato]
suco (m) de laranja	jus jeruk manis	[dʒus dʒɛruk manis]
suco (m) fresco	jus segar	[dʒus sɛgar]

cerveja (f)	bir	[bir]
cerveja (f) clara	bir putih	[bir putih]
cerveja (f) preta	bir hitam	[bir hitam]

chá (m)	teh	[te]
chá (m) preto	teh hitam	[te hitam]
chá (m) verde	teh hijau	[te hidʒau]

37. Vegetais

vegetais (m pl)	sayuran	[sajuran]
verdura (f)	ulam-ulaman	[ulam ulaman]

tomate (m)	tomato	[tomato]
pepino (m)	timun	[timun]
cenoura (f)	lobak merah	[lobak merah]
batata (f)	kentang	[kɛntaŋ]
cebola (f)	bawang	[bavaŋ]

alho (m)	bawang putih	[bavaŋ putih]
couve (f)	kubis	[kubis]
couve-flor (f)	bunga kubis	[buŋa kubis]
couve-de-bruxelas (f)	kubis Brussels	[kubis brasels]
brócolis (m pl)	broccoli	[brokoli]
beterraba (f)	rut bit	[rut bit]
berinjela (f)	terung	[tɛruŋ]
abobrinha (f)	labu kuning	[labu kuniŋ]
abóbora (f)	labu	[labu]
nabo (m)	turnip	[turnip]
salsa (f)	parsli	[parsli]
endro, aneto (m)	jintan hitam	[dʒintan hitam]
alface (f)	pokok salad	[pokok salad]
aipo (m)	saderi	[sadɛri]
aspargo (m)	asparagus	[asparagus]
espinafre (m)	bayam	[bajam]
ervilha (f)	kacang sepat	[katʃaŋ sɛpat]
feijão (~ soja, etc.)	kacang	[katʃaŋ]
milho (m)	jagung	[dʒaguŋ]
feijão (m) roxo	kacang buncis	[katʃaŋ buntʃis]
pimentão (m)	lada	[lada]
rabanete (m)	lobak	[lobak]
alcachofra (f)	articok	[artitʃok]

38. Frutos. Nozes

fruta (f)	buah	[buah]
maçã (f)	epal	[epal]
pera (f)	buah pear	[buah pear]
limão (m)	lemon	[lemon]
laranja (f)	jeruk manis	[dʒeruk manis]
morango (m)	strawberi	[stroberi]
tangerina (f)	limau mandarin	[limau mandarin]
ameixa (f)	plum	[plam]
pêssego (m)	pic	[pitʃ]
damasco (m)	aprikot	[aprikot]
framboesa (f)	raspberi	[rasberi]
abacaxi (m)	nanas	[nanas]
banana (f)	pisang	[pisaŋ]
melancia (f)	tembikai	[tembikaj]
uva (f)	anggur	[aŋgur]
ginja (f)	buah ceri	[buah tʃeri]
cereja (f)	ceri manis	[tʃeri manis]
melão (m)	tembikai susu	[tembikaj susu]
toranja (f)	limau gedang	[limau gɛdaŋ]
abacate (m)	avokado	[avokado]
mamão (m)	betik	[bɛtik]

| manga (f) | mempelam | [mɛmpɛlam] |
| romã (f) | buah delima | [buah dɛlima] |

groselha (f) vermelha	buah kismis merah	[buah kismis merah]
groselha (f) negra	buah kismis hitam	[buah kismis hitam]
groselha (f) espinhosa	buah gusberi	[buah gusberi]
mirtilo (m)	buah bilberi	[buah bilberi]
amora (f) silvestre	beri hitam	[beri hitam]

passa (f)	kismis	[kismis]
figo (m)	buah tin	[buah tin]
tâmara (f)	buah kurma	[buah kurma]

amendoim (m)	kacang tanah	[katʃaŋ tanah]
amêndoa (f)	badam	[badam]
noz (f)	walnut	[volnat]
avelã (f)	kacang hazel	[katʃaŋ hazel]
coco (m)	buah kelapa	[buah klapa]
pistaches (m pl)	pistasio	[pistasio]

39. Pão. Bolaria

pastelaria (f)	kuih-muih	[kuih muih]
pão (m)	roti	[roti]
biscoito (m), bolacha (f)	biskit	[biskit]

chocolate (m)	coklat	[tʃoklat]
de chocolate	coklat	[tʃoklat]
bala (f)	gula-gula	[gula gula]
doce (bolo pequeno)	kuih	[kuih]
bolo (m) de aniversário	kek	[kek]

| torta (f) | pai | [paj] |
| recheio (m) | inti | [inti] |

geleia (m)	jem buah-buahan utuh	[dʒem buah buahan utuh]
marmelada (f)	marmalad	[marmalad]
wafers (m pl)	wafer	[vafɛr]
sorvete (m)	ais krim	[ajs krim]
pudim (m)	puding	[pudiŋ]

40. Pratos cozinhados

prato (m)	hidangan	[hidaŋan]
cozinha (~ portuguesa)	masakan	[masakan]
receita (f)	resipi	[rɛsipi]
porção (f)	hidangan	[hidaŋan]

salada (f)	salad	[salad]
sopa (f)	sup	[sup]
caldo (m)	sup kosong	[sup kosoŋ]
sanduíche (m)	sandwic	[sandvitʃ]

ovos (m pl) fritos	telur mata kerbau	[tɛlur mata kerbau]
hambúrguer (m)	hamburger	[hamburger]
bife (m)	stik	[stik]

acompanhamento (m)	garnish	[garniʃ]
espaguete (m)	spaghetti	[spaɣeti]
purê (m) de batata	kentang lecek	[kɛntaŋ letʃek]
pizza (f)	piza	[piza]
mingau (m)	bubur	[bubur]
omelete (f)	telur dadar	[tɛlur dadar]

fervido (adj)	rebus	[rɛbus]
defumado (adj)	salai	[salaj]
frito (adj)	goreng	[goreŋ]
seco (adj)	dikeringkan	[dikɛriŋkan]
congelado (adj)	sejuk beku	[sɛdʒuk bɛku]
em conserva (adj)	dijeruk	[didʒɛruk]

doce (adj)	manis	[manis]
salgado (adj)	masin	[masin]
frio (adj)	sejuk	[sɛdʒuk]
quente (adj)	panas	[panas]
amargo (adj)	pahit	[pahit]
gostoso (adj)	sedap	[sɛdap]

cozinhar em água fervente	merebus	[mɛrɛbus]
preparar (vt)	memasak	[mɛmasak]
fritar (vt)	menggoreng	[mɛŋgoreŋ]
aquecer (vt)	memanaskan	[mɛmanaskan]

salgar (vt)	membubuh garam	[mɛmbubuh garam]
apimentar (vt)	membubuh lada	[mɛmbubuh lada]
ralar (vt)	memarut	[mɛmarut]
casca (f)	kulit	[kulit]
descascar (vt)	mengupas	[mɛŋupas]

41. Especiarias

sal (m)	garam	[garam]
salgado (adj)	masin	[masin]
salgar (vt)	membubuh garam	[mɛmbubuh garam]

pimenta-do-reino (f)	lada hitam	[lada hitam]
pimenta (f) vermelha	lada merah	[lada merah]
mostarda (f)	sawi	[savi]
raiz-forte (f)	remunggai	[rɛmuŋgaj]

condimento (m)	perasa	[pɛrasa]
especiaria (f)	rempah-rempah	[rempah rempah]
molho (~ inglês)	saus	[saus]
vinagre (m)	cuka	[tʃuka]

anis estrelado (m)	lawang	[lavaŋ]
manjericão (m)	kemangi	[kɛmaŋi]

cravo (m)	cengkeh	[ʧeŋkeh]
gengibre (m)	halia	[halia]
coentro (m)	ketumbar	[kɛtumbar]
canela (f)	kayu manis	[kaju manis]

gergelim (m)	bijan	[bidʒan]
folha (f) de louro	daun bay	[daun bej]
páprica (f)	paprik	[paprik]
cominho (m)	jintan putih	[dʒintan putih]
açafrão (m)	safron	[safron]

42. Refeições

comida (f)	makanan	[makanan]
comer (vt)	makan	[makan]

café (m) da manhã	makan pagi	[makan pagi]
tomar café da manhã	makan pagi	[makan pagi]
almoço (m)	makan tengah hari	[makan tɛŋah hari]
almoçar (vi)	makan tengah hari	[makan tɛŋah hari]
jantar (m)	makan malam	[makan malam]
jantar (vi)	makan malam	[makan malam]

apetite (m)	selera	[sɛlera]
Bom apetite!	Selamat jamu selera!	[sɛlamat dʒamu sɛlera]

abrir (~ uma lata, etc.)	membuka	[mɛmbuka]
derramar (~ líquido)	menumpahkan	[mɛnumpahkan]
derramar-se (vr)	tertumpah	[tɛrtumpah]

ferver (vi)	mendidih	[mɛndidih]
ferver (vt)	mendidihkan	[mɛndidihkan]
fervido (adj)	masak	[masak]
esfriar (vt)	menyejukkan	[mɛnjedʒukkan]
esfriar-se (vr)	menjadi sejuk	[mɛndʒadi sɛdʒuk]

sabor, gosto (m)	rasa	[rasa]
fim (m) de boca	rasa kesan	[rasa kɛsan]

emagrecer (vi)	berdiet	[berdiet]
dieta (f)	diet	[diet]
vitamina (f)	vitamin	[vitamin]
caloria (f)	kalori	[kalori]

vegetariano (m)	vegetarian	[vegetarian]
vegetariano (adj)	vegetarian	[vegetarian]

gorduras (f pl)	lemak	[lɛmak]
proteínas (f pl)	protein	[protein]
carboidratos (m pl)	karbohidrat	[karbohidrat]

fatia (~ de limão, etc.)	irisan	[irisan]
pedaço (~ de bolo)	potongan	[potoŋan]
migalha (f), farelo (m)	remah	[remah]

43. Por a mesa

colher (f)	sudu	[sudu]
faca (f)	pisau	[pisau]
garfo (m)	garpu	[garpu]

xícara (f)	cawan	[ʧavan]
prato (m)	pinggan	[piŋgan]
pires (m)	alas cawan	[alas ʧavan]
guardanapo (m)	napkin	[napkin]
palito (m)	cungkil gigi	[ʧuŋkil gigi]

44. Restaurante

restaurante (m)	restoran	[restoran]
cafeteria (f)	kedai kopi	[kɛdaj kopi]
bar (m), cervejaria (f)	bar	[bar]
salão (m) de chá	ruang teh	[ruaŋ te]

garçom (m)	pelayan	[pɛlajan]
garçonete (f)	pelayan perempuan	[pɛlajan pɛrɛmpuan]
barman (m)	pelayan bar	[pɛlajan bar]

cardápio (m)	menu	[menu]
lista (f) de vinhos	kad wain	[kad vajn]
reservar uma mesa	menempah meja	[mɛnɛmpah medʒa]

prato (m)	masakan	[masakan]
pedir (vt)	menempah	[mɛnɛmpah]
fazer o pedido	menempah	[mɛnɛmpah]

aperitivo (m)	aperitif	[aperitif]
entrada (f)	pembuka selera	[pɛmbuka sɛlera]
sobremesa (f)	pencuci mulut	[pɛnʧuʧi mulut]

conta (f)	bil	[bil]
pagar a conta	membayar bil	[mɛmbajar bil]
dar o troco	memberi wang baki	[mɛmbri vaŋ baki]
gorjeta (f)	tip	[tip]

Família, parentes e amigos

45. Informação pessoal. Formulários

nome (m)	nama	[nama]
sobrenome (m)	nama keluarga	[nama kɛluarga]
data (f) de nascimento	tarikh lahir	[tarih lahir]
local (m) de nascimento	tempat lahir	[tɛmpat lahir]
nacionalidade (f)	bangsa	[baŋsa]
lugar (m) de residência	tempat kediaman	[tɛmpat kediaman]
país (m)	negara	[nɛgara]
profissão (f)	profesion	[profesion]
sexo (m)	jenis kelamin	[dʒɛnis kɛlamin]
estatura (f)	tinggi badan	[tiŋgi badan]
peso (m)	berat	[brat]

46. Membros da família. Parentes

mãe (f)	ibu	[ibu]
pai (m)	bapa	[bapa]
filho (m)	anak lelaki	[anak lɛlaki]
filha (f)	anak perempuan	[anak pɛrɛmpuan]
caçula (f)	anak perempuan bungsu	[anak pɛrɛmpuan buŋsu]
caçula (m)	anak lelali bungsu	[anak lɛlali buŋsu]
filha (f) mais velha	anak perempuan sulung	[anak pɛrɛmpuan suluŋ]
filho (m) mais velho	anak lelaki sulung	[anak lɛlaki suluŋ]
irmão (m)	saudara	[saudara]
irmão (m) mais velho	abang	[abaŋ]
irmão (m) mais novo	adik lelaki	[adik lɛlaki]
irmã (f)	saudara perempuan	[saudara pɛrɛmpuan]
irmã (f) mais velha	kakak perempuan	[kakak pɛrɛmpuan]
irmã (f) mais nova	adik perempuan	[adik pɛrɛmpuan]
primo (m)	sepupu lelaki	[sɛpupu lɛlaki]
prima (f)	sepupu perempuan	[sɛpupu pɛrɛmpuan]
mamãe (f)	ibu	[ibu]
papai (m)	bapa	[bapa]
pais (pl)	ibu bapa	[ibu bapa]
criança (f)	anak	[anak]
crianças (f pl)	anak-anak	[anak anak]
avó (f)	nenek	[nenek]
avô (m)	datuk	[datuk]

neto (m)	cucu lelaki	[ʧuʧu lɛlaki]
neta (f)	cucu perempuan	[ʧuʧu pɛrɛmpuan]
netos (pl)	cucu-cicit	[ʧuʧu ʧiʧit]
tio (m)	pak cik	[pak ʧik]
tia (f)	mak cik	[mak ʧik]
sobrinho (m)	anak saudara lelaki	[anak saudara lɛlaki]
sobrinha (f)	anak saudara perempuan	[anak saudara pɛrɛmpuan]
sogra (f)	ibu mertua	[ibu mɛrtua]
sogro (m)	bapa mertua	[bapa mɛrtua]
genro (m)	menantu lelaki	[mɛnantu lɛlaki]
madrasta (f)	ibu tiri	[ibu tiri]
padrasto (m)	bapa tiri	[bapa tiri]
criança (f) de colo	bayi	[baji]
bebê (m)	bayi	[baji]
menino (m)	budak kecil	[budak kɛʧil]
mulher (f)	isteri	[istri]
marido (m)	suami	[suami]
esposo (m)	suami	[suami]
esposa (f)	isteri	[istri]
casado (adj)	berkahwin, beristeri	[bɛrkahvin], [bɛristri]
casada (adj)	berkahwin, bersuami	[bɛrkahvin], [bɛrsuami]
solteiro (adj)	bujang	[buʤaŋ]
solteirão (m)	bujang	[buʤaŋ]
divorciado (adj)	bercerai	[bɛrʧɛraj]
viúva (f)	balu	[balu]
viúvo (m)	duda	[duda]
parente (m)	saudara	[saudara]
parente (m) próximo	keluarga dekat	[kɛluarga dɛkat]
parente (m) distante	saudara jauh	[saudara ʤauh]
parentes (m pl)	keluarga	[kɛluarga]
órfão (m), órfã (f)	piatu	[piatu]
tutor (m)	wali	[vali]
adotar (um filho)	mengangkat anak lelaki	[mɛŋaŋkat anak lɛlaki]
adotar (uma filha)	mengangkat anak perempuan	[mɛŋaŋkat anak pɛrɛmpuan]

45

Medicina

47. Doenças

doença (f)	penyakit	[pɛnjakit]
estar doente	sakit	[sakit]
saúde (f)	kesihatan	[kɛsihatan]
nariz (m) escorrendo	hidung berair	[hiduŋ bɛrair]
amigdalite (f)	radang tenggorok	[radaŋ tɛŋgorok]
resfriado (m)	selesema	[sɛlsɛma]
ficar resfriado	demam selesema	[dɛmam sɛlsɛma]
bronquite (f)	bronkitis	[broŋkitis]
pneumonia (f)	radang paru-paru	[radaŋ paru paru]
gripe (f)	selesema	[sɛlsɛma]
míope (adj)	rabun jauh	[rabun dʒauh]
presbita (adj)	rabun dekat	[rabun dɛkat]
estrabismo (m)	mata juling	[mata dʒuliŋ]
estrábico, vesgo (adj)	bermata juling	[bɛrmata dʒuliŋ]
catarata (f)	katarak	[katarak]
glaucoma (m)	glaukoma	[glaukoma]
AVC (m), apoplexia (f)	angin amhar	[aŋin amhar]
ataque (m) cardíaco	serangan jantung	[sɛraŋan dʒantuŋ]
enfarte (m) do miocárdio	serangan jantung	[sɛraŋan dʒantuŋ]
paralisia (f)	lumpuh	[lumpuh]
paralisar (vt)	melumpuhkan	[mɛlumpuhkan]
alergia (f)	alahan	[alahan]
asma (f)	penyakit lelah	[pɛnjakit lɛlah]
diabetes (f)	diabetes	[diabetes]
dor (f) de dente	sakit gigi	[sakit gigi]
cárie (f)	karies	[karis]
diarreia (f)	cirit-birit	[tʃirit birit]
prisão (f) de ventre	sembelit	[sɛmbɛlit]
desarranjo (m) intestinal	sakit perut	[sakit prut]
intoxicação (f) alimentar	keracunan	[kɛratʃunan]
intoxicar-se	keracunan	[kɛratʃunan]
artrite (f)	artritis	[artritis]
raquitismo (m)	penyakit riket	[pɛnjakit riket]
reumatismo (m)	reumatisme	[reumatismɛ]
arteriosclerose (f)	aterosklerosis	[aterosklerosis]
gastrite (f)	gastritis	[gastritis]
apendicite (f)	apendisitis	[apendisitis]

| colecistite (f) | radang pundi hempedu | [radaŋ pundi hɛmpɛdu] |
| úlcera (f) | ulser | [ulser] |

sarampo (m)	campak	[ʧampak]
rubéola (f)	penyakit campak Jerman	[pɛnjakit ʧampak dʒerman]
icterícia (f)	sakit kuning	[sakit kuniŋ]
hepatite (f)	hepatitis	[hepatitis]

esquizofrenia (f)	skizofrenia	[skizofrenia]
raiva (f)	penyakit anjing gila	[pɛnjakit andʒiŋ gila]
neurose (f)	neurosis	[neurosis]
contusão (f) cerebral	gegaran otak	[gɛgaran otak]

câncer (m)	barah, kanser	[barah], [kansɛr]
esclerose (f)	sklerosis	[sklerosis]
esclerose (f) múltipla	sklerosis berbilang	[sklerosis bɛrbilaŋ]

alcoolismo (m)	alkoholisme	[alkoholismɛ]
alcoólico (m)	kaki arak	[kaki arak]
sífilis (f)	sifilis	[sifilis]
AIDS (f)	AIDS	[ejds]

tumor (m)	tumor	[tumor]
maligno (adj)	ganas	[ganas]
benigno (adj)	bukan barah	[bukan barah]

febre (f)	demam	[dɛmam]
malária (f)	malaria	[malaria]
gangrena (f)	kelemayuh	[kɛlɛmajuh]
enjoo (m)	mabuk laut	[mabuk laut]
epilepsia (f)	epilepsi	[epilepsi]

epidemia (f)	wabak	[vabak]
tifo (m)	tifus	[tifus]
tuberculose (f)	tuberkulosis	[tubɛrkulosis]
cólera (f)	penyakit taun	[pɛnjakit taun]
peste (f) bubônica	sampar	[sampar]

48. Sintomas. Tratamentos. Parte 1

sintoma (m)	tanda	[tanda]
temperatura (f)	suhu	[suhu]
febre (f)	suhu tinggi	[suhu tiŋgi]
pulso (m)	nadi	[nadi]

vertigem (f)	rasa pening	[rasa pɛniŋ]
quente (testa, etc.)	panas	[panas]
calafrio (m)	gigil	[gigil]
pálido (adj)	pucat	[puʧat]

tosse (f)	batuk	[batuk]
tossir (vi)	batuk	[batuk]
espirrar (vi)	bersin	[bɛrsin]
desmaio (m)	pengsan	[peŋsan]

desmaiar (vi)	jatuh pengsan	[dʒatuh peŋsan]
mancha (f) preta	luka lebam	[luka lɛbam]
galo (m)	bengkak	[bɛŋkak]
machucar-se (vr)	melanggar	[mɛlaŋgar]
contusão (f)	luka memar	[luka mɛmar]
machucar-se (vr)	kena luka memar	[kɛna luka mɛmar]

mancar (vi)	berjalan pincang	[bɛrdʒalan pinʧaŋ]
deslocamento (f)	seliuh	[sɛliuh]
deslocar (vt)	terseliuh	[tɛrɕeliuh]
fratura (f)	patah	[patah]
fraturar (vt)	patah	[patah]

corte (m)	hirisan	[hirisan]
cortar-se (vr)	terhiris	[tɛrhiris]
hemorragia (f)	pendarahan	[pɛndarahan]

queimadura (f)	luka bakar	[luka bakar]
queimar-se (vr)	terkena luka bakar	[tɛrkɛna luka bakar]

picar (vt)	mencucuk	[mɛnʧuʧuk]
picar-se (vr)	tercucuk	[tɛrʧuʧuk]
lesionar (vt)	mencedera	[mnʧɛdɛra]
lesão (m)	cedera	[ʧɛdɛra]
ferida (f), ferimento (m)	cedera	[ʧɛdɛra]
trauma (m)	trauma	[trauma]

delirar (vi)	meracau	[mɛraʧau]
gaguejar (vi)	gagap	[gagap]
insolação (f)	strok matahari	[strok matahari]

49. Sintomas. Tratamentos. Parte 2

dor (f)	sakit	[sakit]
farpa (no dedo, etc.)	selumbar	[sɛlumbar]

suor (m)	peluh	[pɛluh]
suar (vi)	berpeluh	[bɛrpɛluh]
vômito (m)	muntah	[muntah]
convulsões (f pl)	kekejangan	[kɛkɛdʒaŋan]

grávida (adj)	hamil	[hamil]
nascer (vi)	dilahirkan	[dilahirkan]
parto (m)	kelahiran	[kɛlahiran]
dar à luz	melahirkan	[mɛlahirkan]
aborto (m)	pengguguran anak	[pɛŋguguran anak]

respiração (f)	pernafasan	[pɛrnafasan]
inspiração (f)	tarikan nafas	[tarikan nafas]
expiração (f)	penghembusan nafas	[pɛŋɣɛmbusan nafas]
expirar (vi)	menghembuskan nafas	[mɛŋɣɛmbuskan nafas]
inspirar (vi)	menarik nafas	[mɛnarik nafas]
inválido (m)	orang kurang upaya	[oraŋ kuraŋ upaja]
aleijado (m)	orang kurang upaya	[oraŋ kuraŋ upaja]

drogado (m)	penagih dadah	[pɛnagih dadah]
surdo (adj)	tuli	[tuli]
mudo (adj)	bisu	[bisu]
surdo-mudo (adj)	bisu tuli	[bisu tuli]

louco, insano (adj)	gila	[gila]
louco (m)	lelaki gila	[lɛlaki gila]
louca (f)	perempuan gila	[pɛrɛmpuan gila]
ficar louco	menjadi gila	[mɛndʒadi gila]

gene (m)	gen	[gen]
imunidade (f)	kekebalan	[kɛkɛbalan]
hereditário (adj)	pusaka, warisan	[pusaka], [varisan]
congênito (adj)	bawaan	[bavaan]

vírus (m)	virus	[virus]
micróbio (m)	kuman	[kuman]
bactéria (f)	kuman	[kuman]
infecção (f)	jangkitan	[dʒaŋkitan]

50. Sintomas. Tratamentos. Parte 3

| hospital (m) | hospital | [hospital] |
| paciente (m) | pesakit | [pɛsakit] |

diagnóstico (m)	diagnosis	[diagnosis]
cura (f)	rawatan	[ravatan]
tratamento (m) médico	rawatan	[ravatan]
curar-se (vr)	berubat	[bɛrubat]
tratar (vt)	merawat	[mɛravat]
cuidar (pessoa)	merawat	[mɛravat]
cuidado (m)	jagaan	[dʒagaan]

operação (f)	pembedahan, surgeri	[pɛmbɛdahan], ['sødʒeri]
enfaixar (vt)	membalut	[membalut]
enfaixamento (m)	pembalutan	[pɛmbalutan]

vacinação (f)	suntikan	[suntikan]
vacinar (vt)	menanam cacar	[mɛnanam t͡ʃat͡ʃar]
injeção (f)	cucukan, injeksi	[t͡ʃut͡ʃukan], [indʒeksi]
dar uma injeção	membuat suntikan	[mɛmbuat suntikan]

ataque (~ de asma, etc.)	serangan	[sɛraŋan]
amputação (f)	pemotongan	[pɛmotoŋan]
amputar (vt)	memotong	[mɛmotoŋ]
coma (f)	keadaan koma	[kɛadaan koma]
estar em coma	dalam keadaan koma	[dalam kɛadaan koma]
reanimação (f)	rawatan rapi	[ravatan rapi]

recuperar-se (vr)	sembuh	[sɛmbuh]
estado (~ de saúde)	keadaan	[kɛadaan]
consciência (perder a ~)	kesedaran	[kɛsedaran]
memória (f)	ingatan	[iŋatan]
tirar (vt)	mencabut	[mɛnt͡ʃabut]

| obturação (f) | tampal gigi | [tampal gigi] |
| obturar (vt) | menampal | [mɛnampal] |

| hipnose (f) | hipnosis | [hipnosis] |
| hipnotizar (vt) | menghipnosis | [mɛŋɣipnosis] |

51. Médicos

médico (m)	doktor	[doktor]
enfermeira (f)	jururawat	[dʒururavat]
médico (m) pessoal	doktor peribadi	[doktor pribadi]

dentista (m)	doktor gigi	[doktor gigi]
oculista (m)	doktor mata	[doktor mata]
terapeuta (m)	doktor am	[doktor am]
cirurgião (m)	doktor bedah	[doktor bɛdah]

psiquiatra (m)	doktor penyakit jiwa	[doktor pɛnjakit dʒiva]
pediatra (m)	doktor kanak-kanak	[doktor kanak kanak]
psicólogo (m)	pakar psikologi	[pakar psikologi]
ginecologista (m)	doktor sakit puan	[doktor sakit puan]
cardiologista (m)	pakar kardiologi	[pakar kardiologi]

52. Medicina. Drogas. Acessórios

medicamento (m)	ubat	[ubat]
remédio (m)	ubat	[ubat]
receitar (vt)	mempreskripsikan	[mɛmpreskripsikan]
receita (f)	preskripsi	[preskripsi]

comprimido (m)	pil	[pil]
unguento (m)	ubat sapu	[ubat sapu]
ampola (f)	ampul	[ampul]
solução, preparado (m)	ubat cair	[ubat tʃair]
xarope (m)	sirup	[sirup]
cápsula (f)	pil	[pil]
pó (m)	serbuk	[sɛrbuk]

atadura (f)	kain pembalut	[kain pɛmbalut]
algodão (m)	kapas	[kapas]
iodo (m)	iodin	[iodin]

curativo (m) adesivo	plaster	[plastɛr]
conta-gotas (m)	pipet	[pipet]
termômetro (m)	meter suhu	[metɛr suhu]
seringa (f)	picagari	[pitʃagari]

| cadeira (f) de rodas | kerusi roda | [krusi roda] |
| muletas (f pl) | tongkat ketiak | [toŋkat kɛtiak] |

| analgésico (m) | ubat penahan sakit | [ubat pɛnahan sakit] |
| laxante (m) | julap | [dʒulap] |

álcool (m)	**alkohol**	[alkohol]
ervas (f pl) medicinais	**herba perubatan**	[hɛrba pɛrubatan]
de ervas (chá ~)	**herba**	[hɛrba]

HABITAT HUMANO

Cidade

53. Cidade. Vida na cidade

cidade (f)	bandar	[bandar]
capital (f)	ibu negara	[ibu nɛgara]
aldeia (f)	kampung	[kampuŋ]
mapa (m) da cidade	pelan bandar	[plan bandar]
centro (m) da cidade	pusat bandar	[pusat bandar]
subúrbio (m)	pinggir bandar	[piŋgir bandar]
suburbano (adj)	pinggir bandar	[piŋgir bandar]
periferia (f)	pinggir	[piŋgir]
arredores (m pl)	persekitaran	[pɛrɛekitaran]
quarteirão (m)	blok	[blok]
quarteirão (m) residencial	blok kediaman	[blok kɛdiaman]
tráfego (m)	lalu lintas, trafik	[lalu lintas], [trafik]
semáforo (m)	lampu isyarat	[lampu iɕarat]
transporte (m) público	pengangkutan awam bandar	[pɛŋaŋkutan avam bandar]
cruzamento (m)	persimpangan	[pɛrsimpaŋan]
faixa (f)	lintasan pejalan kaki	[lintasan pɛdʒalan kaki]
túnel (m) subterrâneo	terowong pejalan kaki	[tɛrovoŋ pɛdʒalan kaki]
cruzar, atravessar (vt)	melintas	[mɛlintas]
pedestre (m)	pejalan kaki	[pɛdʒalan kaki]
calçada (f)	kaki lima	[kaki lima]
ponte (f)	jambatan	[dʒambatan]
margem (f) do rio	jalan tepi sungai	[dʒalan tɛpi suŋaj]
fonte (f)	pancutan air	[pantʃutan air]
alameda (f)	lorong	[loroŋ]
parque (m)	taman	[taman]
bulevar (m)	boulevard	[bulevard]
praça (f)	dataran	[dataran]
avenida (f)	lebuh	[lɛbuh]
rua (f)	jalan	[dʒalan]
travessa (f)	lorong	[loroŋ]
beco (m) sem saída	buntu	[buntu]
casa (f)	rumah	[rumah]
edifício, prédio (m)	bangunan	[baŋunan]
arranha-céu (m)	cakar langit	[tʃakar laŋit]
fachada (f)	muka	[muka]

telhado (m)	bumbung	[bumbuŋ]
janela (f)	tingkap	[tiŋkap]
arco (m)	lengkung	[lɛŋkuŋ]
coluna (f)	tiang	[tiaŋ]
esquina (f)	sudut	[sudut]

vitrine (f)	cermin pameran	[tʃɛrmin pameran]
letreiro (m)	papan nama	[papan nama]
cartaz (do filme, etc.)	poster	[postɛr]
cartaz (m) publicitário	poster iklan	[postɛr iklan]
painel (m) publicitário	papan iklan	[papan iklan]

lixo (m)	sampah	[sampah]
lata (f) de lixo	tong sampah	[toŋ sampah]
jogar lixo na rua	menyepah	[mɛnjepah]
aterro (m) sanitário	tempat sampah	[tɛmpat sampah]

orelhão (m)	pondok telefon	[pondok telefon]
poste (m) de luz	tiang lampu jalan	[tiaŋ lampu dʒalan]
banco (m)	bangku	[baŋku]

polícia (m)	anggota polis	[aŋgota polis]
polícia (instituição)	polis	[polis]
mendigo, pedinte (m)	pengemis	[pɛŋɛmis]
desabrigado (m)	orang yang tiada tempat berteduh	[oraŋ jaŋ tiada tɛmpat bɛrtɛduh]

54. Instituições urbanas

loja (f)	kedai	[kɛdaj]
drogaria (f)	kedai ubat	[kɛdaj ubat]
ótica (f)	kedai optik	[kɛdaj optik]
centro (m) comercial	pusat membeli-belah	[pusat membli blah]
supermercado (m)	pasaraya	[pasaraja]

padaria (f)	kedai roti	[kɛdaj roti]
padeiro (m)	pembakar roti	[pɛmbakar roti]
pastelaria (f)	kedai kuih	[kɛdaj kuih]
mercearia (f)	barang-barang runcit	[baraŋ baraŋ runtʃit]
açougue (m)	kedai daging	[kɛdaj dagiŋ]

| fruteira (f) | kedai sayur | [kɛdaj sajur] |
| mercado (m) | pasar | [pasar] |

cafeteria (f)	kedai kopi	[kɛdaj kopi]
restaurante (m)	restoran	[restoran]
bar (m)	kedai bir	[kɛdaj bir]
pizzaria (f)	kedai piza	[kɛdaj piza]

salão (m) de cabeleireiro	kedai gunting rambut	[kɛdaj guntiŋ rambut]
agência (f) dos correios	pejabat pos	[pɛdʒabat pos]
lavanderia (f)	kedai cucian kering	[kɛdaj tʃutʃian kɛriŋ]
estúdio (m) fotográfico	studio foto	[studio foto]
sapataria (f)	kedai kasut	[kɛdaj kasut]

livraria (f)	kedai buku	[kɛdaj buku]
loja (f) de artigos esportivos	kedai barang sukan	[kɛdaj baraŋ sukan]
costureira (m)	pembaikan baju	[pɛmbaikan badʒu]
aluguel (m) de roupa	sewaan kostum	[sevaan kostum]
videolocadora (f)	sewa filem	[seva filɛm]
circo (m)	sarkas	[sarkas]
jardim (m) zoológico	zoo	[zu]
cinema (m)	pawagam	[pavagam]
museu (m)	muzium	[muzium]
biblioteca (f)	perpustakaan	[pɛrpustakaan]
teatro (m)	teater	[teatɛr]
ópera (f)	opera	[opɛra]
boate (casa noturna)	kelab malam	[klab malam]
cassino (m)	kasino	[kasino]
mesquita (f)	masjid	[masdʒid]
sinagoga (f)	saumaah	[saumaah]
catedral (f)	katedral	[katɛdral]
templo (m)	rumah ibadat	[rumah ibadat]
igreja (f)	gereja	[gɛredʒa]
faculdade (f)	institut	[institut]
universidade (f)	universiti	[univɛrsiti]
escola (f)	sekolah	[sɛkolah]
prefeitura (f)	prefekture	[prefekturɛ]
câmara (f) municipal	dewan bandaran	[devan bandaran]
hotel (m)	hotel	[hotel]
banco (m)	bank	[baŋk]
embaixada (f)	kedutaan besar	[kɛdutaan bɛsar]
agência (f) de viagens	agensi pelancongan	[agensi pɛlantʃoŋan]
agência (f) de informações	pejabat penerangan	[pɛdʒabat pɛnɛraŋan]
casa (f) de câmbio	pusat pertukaran mata wang	[pusat pɛrtukaran mata vaŋ]
metrô (m)	LRT	[ɛl ar ti]
hospital (m)	hospital	[hospital]
posto (m) de gasolina	stesen minyak	[stesen minjak]
parque (m) de estacionamento	tempat letak kereta	[tɛmpat lɛtak kreta]

55. Sinais

letreiro (m)	papan nama	[papan nama]
aviso (m)	tulisan	[tulisan]
cartaz, pôster (m)	poster	[postɛr]
placa (f) de direção	penunjuk	[pɛnundʒuk]
seta (f)	anak panah	[anak panah]
aviso (advertência)	peringatan	[pɛriŋatan]
sinal (m) de aviso	amaran	[amaran]

avisar, advertir (vt)	memperingati	[mɛmpɛriŋati]
dia (m) de folga	hari kelepasan	[hari kɛlɛpasan]
horário (~ dos trens, etc.)	jadual waktu	[dʒadual vaktu]
horário (m)	waktu pejabat	[vaktu pɛdʒabat]
BEM-VINDOS!	SELAMAT DATANG!	[sɛlamat dataŋ]
ENTRADA	MASUK	[masuk]
SAÍDA	KELUAR	[kɛluar]
EMPURRE	TOLAK	[tolak]
PUXE	TARIK	[tarik]
ABERTO	BUKA	[buka]
FECHADO	TUTUP	[tutup]
MULHER	PEREMPUAN	[pɛrɛmpuan]
HOMEM	LELAKI	[lɛlaki]
DESCONTOS	POTONGAN	[potoŋan]
SALDOS, PROMOÇÃO	JUALAN MURAH	[dʒualan murah]
NOVIDADE!	BARU!	[baru]
GRÁTIS	PERCUMA	[pɛrtʃuma]
ATENÇÃO!	PERHATIAN!	[pɛrhatian]
NÃO HÁ VAGAS	TIDAK ADA TEMPAT DUDUK YANG KOSONG	[tidak ada tɛmpat duduk jaŋ kosoŋ]
RESERVADO	DITEMPAH	[ditɛmpah]
ADMINISTRAÇÃO	PENTADBIRAN	[pɛntadbiran]
SOMENTE PESSOAL AUTORIZADO	KAKITANGAN SAJA	[kakitaŋan sadʒa]
CUIDADO CÃO FEROZ	AWAS, ANJING GANAS!	[avas], [andʒiŋ ganas]
PROIBIDO FUMAR!	DILARANG MEROKOK!	[dilaraŋ mɛrokok]
NÃO TOCAR	JANGAN SENTUH!	[dʒaŋan sɛntuh]
PERIGOSO	BERBAHAYA	[bɛrbahaja]
PERIGO	BAHAYA	[bahaja]
ALTA TENSÃO	VOLTAN TINGGI	[voltan tiŋgi]
PROIBIDO NADAR	DILARANG BERENANG!	[dilaraŋ bɛrɛnaŋ]
COM DEFEITO	ROSAK	[rosak]
INFLAMÁVEL	MUDAH TERBAKAR	[mudah tɛrbakar]
PROIBIDO	DILARANG	[dilaraŋ]
ENTRADA PROIBIDA	DILARANG MASUK!	[dilaraŋ masuk]
CUIDADO TINTA FRESCA	CAT BASAH	[tʃat basah]

56. Transportes urbanos

ônibus (m)	bas	[bas]
bonde (m) elétrico	trem	[trem]
trólebus (m)	bas elektrik	[bas elektrik]
rota (f), itinerário (m)	laluan	[laluan]
número (m)	nombor	[nombor]
ir de ... (carro, etc.)	naik	[naik]

entrar no ...	naik	[naik]
descer do ...	turun	[turun]

parada (f)	perhentian	[pɛrhɛntian]
próxima parada (f)	perhentian berikut	[pɛrhɛntian bɛrikut]
terminal (m)	perhentian akhir	[pɛrhɛntian aχir]
horário (m)	jadual waktu	[dʒadual vaktu]
esperar (vt)	menunggu	[mɛnuŋgu]

passagem (f)	tiket	[tiket]
tarifa (f)	harga tiket	[harga tiket]

bilheteiro (m)	juruwang, kasyier	[dʒuruvaŋ], [kaʃier]
controle (m) de passagens	pemeriksaan tiket	[pɛmɛriksaan tiket]
revisor (m)	konduktor	[konduktor]

atrasar-se (vr)	lambat	[lambat]
perder (o autocarro, etc.)	ketinggalan	[kɛtiŋgalan]
estar com pressa	tergesa-gesa	[tɛrgɛsa gɛsa]

táxi (m)	teksi	[teksi]
taxista (m)	pemandu teksi	[pɛmandu teksi]
de táxi (ir ~)	naik teksi	[naik tɛksi]
ponto (m) de táxis	perhentian teksi	[pɛrhɛntian teksi]
chamar um táxi	memanggil teksi	[mɛmaŋgil teksi]
pegar um táxi	mengambil teksi	[mɛŋambil teksi]

tráfego (m)	lalu lintas, trafik	[lalu lintas], [trafik]
engarrafamento (m)	kesesakan trafik	[kɛsɛsakan trafik]
horas (f pl) de pico	jam sibuk	[dʒam sibuk]
estacionar (vi)	meletak kereta	[mɛlɛtak kreta]
estacionar (vt)	meletak	[mɛlɛtak]
parque (m) de estacionamento	tempat meletak	[tɛmpat mɛlɛtak]

metrô (m)	LRT	[ɛl ar ti]
estação (f)	stesen	[stesen]
ir de metrô	naik LRT	[naik ɛl ar ti]
trem (m)	kereta api, tren	[kreta api], [tren]
estação (f) de trem	stesen kereta api	[stesen kreta api]

57. Turismo

monumento (m)	tugu	[tugu]
fortaleza (f)	kubu	[kubu]
palácio (m)	istana	[istana]
castelo (m)	istana kota	[istana kota]
torre (f)	menara	[mɛnara]
mausoléu (m)	mausoleum	[mausoleum]

arquitetura (f)	seni bina	[sɛni bina]
medieval (adj)	abad pertengahan	[abad pɛrtɛŋahan]
antigo (adj)	kuno	[kuno]
nacional (adj)	nasional	[nasional]
famoso, conhecido (adj)	terkenal	[tɛrkɛnal]

turista (m)	pelancong	[pɛlantʃoŋ]
guia (pessoa)	pemandu	[pɛmandu]
excursão (f)	darmawisata	[darmavisata]
mostrar (vt)	menunjukkan	[mɛnundʒukkan]
contar (vt)	menceritakan	[mɛntʃɛritakan]

encontrar (vt)	mendapati	[mɛndapati]
perder-se (vr)	kehilangan	[kɛhilaŋan]
mapa (~ do metrô)	peta	[pɛta]
mapa (~ da cidade)	pelan	[plan]

lembrança (f), presente (m)	cenderamata	[tʃɛndramata]
loja (f) de presentes	kedai cenderamata	[kedaj tʃɛndramata]
tirar fotos, fotografar	mengambil gambar	[mɛŋambil gambar]
fotografar-se (vr)	bergambar	[bɛrgambar]

58. Compras

comprar (vt)	membeli	[mɛmbli]
compra (f)	belian	[blian]
fazer compras	membeli-belah	[mɛmbli blah]
compras (f pl)	berbelanja	[bɛrblandʒa]

| estar aberta (loja) | buka | [buka] |
| estar fechada | tutup | [tutup] |

calçado (m)	kasut	[kasut]
roupa (f)	pakaian	[pakajan]
cosméticos (m pl)	alat solek	[alat solek]
alimentos (m pl)	bahan makanan	[bahan makanan]
presente (m)	hadiah	[hadiah]

| vendedor (m) | penjual | [pɛndʒual] |
| vendedora (f) | jurujual perempuan | [dʒurudʒual pɛrɛmpuan] |

caixa (f)	tempat juruwang	[tɛmpat dʒuruvaŋ]
espelho (m)	cermin	[tʃɛrmin]
balcão (m)	kaunter	[kaunter]
provador (m)	bilik acu	[bilik atʃu]

provar (vt)	mencuba	[mɛntʃuba]
servir (roupa, caber)	sesuai	[sɛsuaj]
gostar (apreciar)	suka	[suka]

preço (m)	harga	[harga]
etiqueta (f) de preço	tanda harga	[tanda harga]
custar (vt)	berharga	[bɛrharga]
Quanto?	Berapa?	[brapa]
desconto (m)	potongan	[potoŋan]

não caro (adj)	tidak mahal	[tidak mahal]
barato (adj)	murah	[murah]
caro (adj)	mahal	[mahal]
É caro	Ini mahal	[ini mahal]

aluguel (m)	sewaan	[sevaan]
alugar (roupas, etc.)	menyewa	[mɛnjeva]
crédito (m)	pinjaman	[pindʒaman]
a crédito	dengan pinjaman sewa beli	[dɛŋan pindʒaman seva eli]

59. Dinheiro

dinheiro (m)	wang	[vaŋ]
câmbio (m)	pertukaran	[pɛrtukaran]
taxa (f) de câmbio	kadar pertukaran	[kadar pɛrtukaran]
caixa (m) eletrônico	ATM	[ɛj ti ɛm]
moeda (f)	syiling	[ʃiliŋ]

| dólar (m) | dolar | [dolar] |
| euro (m) | euro | [euro] |

lira (f)	lire Itali	[lirɛ itali]
marco (m)	Deutsche Mark	[dojtʃe mark]
franco (m)	franc	[fraŋk]
libra (f) esterlina	paun	[paun]
iene (m)	yen	[jen]

dívida (f)	hutang	[hutaŋ]
devedor (m)	si berhutang	[si bɛrhutaŋ]
emprestar (vt)	meminjamkan	[mɛmindʒamkan]
pedir emprestado	meminjam	[mɛmindʒam]

banco (m)	bank	[baŋk]
conta (f)	akaun	[akaun]
depositar (vt)	memasukkan	[mɛmasukkan]
depositar na conta	memasukkan ke dalam akaun	[mɛmasukkan ke dalam akaun]
sacar (vt)	mengeluarkan wang	[mɛŋɛluarkan vaŋ]

cartão (m) de crédito	kad kredit	[kad kredit]
dinheiro (m) vivo	wang tunai	[vaŋ tunaj]
cheque (m)	cek	[tʃek]
passar um cheque	menulis cek	[mɛnulis tʃek]
talão (m) de cheques	buku cek	[buku tʃek]

carteira (f)	beg duit	[beg duit]
niqueleira (f)	dompet	[dompet]
cofre (m)	peti besi	[pɛti bɛsi]

herdeiro (m)	pewaris	[pɛvaris]
herança (f)	warisan	[varisan]
fortuna (riqueza)	kekayaan	[kɛkajaan]

arrendamento (m)	sewa	[seva]
aluguel (pagar o ~)	sewa rumah	[seva rumah]
alugar (vt)	menyewa	[mɛnjeva]

| preço (m) | harga | [harga] |
| custo (m) | kos | [kos] |

soma (f)	jumlah	[dʒumlah]
gastar (vt)	menghabiskan	[mɛɲabiskan]
gastos (m pl)	belanja	[blandʒa]
economizar (vi)	menjimatkan	[mɛndʒimatkan]
econômico (adj)	cermat	[ʧɛrmat]

pagar (vt)	membayar	[mɛmbajar]
pagamento (m)	pembayaran	[pɛmbajaran]
troco (m)	sisa wang	[sisa vaŋ]

imposto (m)	cukai	[ʧukaj]
multa (f)	denda	[dɛnda]
multar (vt)	mendenda	[mɛndɛnda]

60. Correios. Serviço postal

agência (f) dos correios	pejabat pos	[pɛdʒabat pos]
correio (m)	mel	[mel]
carteiro (m)	posmen	[posmen]
horário (m)	waktu pejabat	[vaktu pɛdʒabat]

carta (f)	surat	[surat]
carta (f) registada	surat berdaftar	[surat bɛrdaftar]
cartão (m) postal	poskad	[poskad]
telegrama (m)	telegram	[telegram]
encomenda (f)	kiriman pos	[kiriman pos]
transferência (f) de dinheiro	kiriman wang	[kiriman vaŋ]

receber (vt)	menerima	[mɛnɛrima]
enviar (vt)	mengirim	[mɛŋirim]
envio (m)	pengiriman	[pɛŋiriman]

endereço (m)	alamat	[alamat]
código (m) postal	poskod	[poskod]
remetente (m)	pengirim	[pɛŋirim]
destinatário (m)	penerima	[pɛnɛrima]

| nome (m) | nama | [nama] |
| sobrenome (m) | nama keluarga | [nama kɛluarga] |

tarifa (f)	tarif	[tarif]
ordinário (adj)	biasa, lazim	[biasa], [lazim]
econômico (adj)	ekonomik	[ekonomik]

peso (m)	berat	[brat]
pesar (estabelecer o peso)	menimbang	[mɛnimbaŋ]
envelope (m)	sampul surat	[sampul surat]
selo (m) postal	setem	[sɛtem]
colar o selo	melekatkan setem	[mɛlɛkatkan ɛetem]

Moradia. Casa. Lar

61. Casa. Eletricidade

eletricidade (f)	t'naga elektrik	[tenaga elektrik]
lâmpada (f)	bal lampu	[bal lampu]
interruptor (m)	suis	[suis]
fusível, disjuntor (m)	fius	[fius]
fio, cabo (m)	kawat, wayar	[kavat], [vajar]
instalação (f) elétrica	pemasangan wayar	[pɛmasaŋan vajar]
medidor (m) de eletricidade	meter elektrik	[metɛr elektrik]
indicação (f), registro (m)	bacaan	[batʃaan]

62. Moradia. Mansão

casa (f) de campo	rumah luar bandar	[rumah luar bandar]
vila (f)	vila	[vila]
ala (~ do edifício)	sayap	[sajap]
jardim (m)	kebun	[kɛbun]
parque (m)	taman	[taman]
estufa (f)	rumah hijau	[rumah hidʒau]
cuidar de ...	memelihara	[mɛmɛlihara]
piscina (f)	kolam renang	[kolam rɛnaŋ]
academia (f) de ginástica	gimnasium	[gimnasium]
quadra (f) de tênis	gelanggang tenis	[gɛlaŋgaŋ tenis]
cinema (m)	pawagam	[pavagam]
garagem (f)	garaj	[garadʒ]
propriedade (f) privada	harta benda persendirian	[harta bɛnda pɛrsɛndirian]
terreno (m) privado	ladang persendirian	[ladaŋ pɛrsɛndirian]
advertência (f)	peringatan	[pɛriŋatan]
sinal (m) de aviso	tulisan amaran	[tulisan amaran]
guarda (f)	kawalan keselamatan	[kavalan kɛsɛlamatan]
guarda (m)	pengawal keselamatan	[pɛŋaval kɛsɛlamatan]
alarme (m)	alat penggera	[alat pɛŋgɛra]

63. Apartamento

apartamento (m)	pangsapuri	[paŋsapuri]
quarto, cômodo (m)	bilik	[bilik]
quarto (m) de dormir	bilik tidur	[bilik tidur]

sala (f) de jantar	bilik makan	[bilik makan]
sala (f) de estar	ruang tamu	[ruaŋ tamu]
escritório (m)	bilik bacaan	[bilik baʧaan]
sala (f) de entrada	ruang depan	[ruaŋ dɛpan]
banheiro (m)	bilik mandi	[bilik mandi]
lavabo (m)	tandas	[tandas]
teto (m)	siling	[siliŋ]
chão, piso (m)	lantai	[lantaj]
canto (m)	sudut	[sudut]

64. Mobiliário. Interior

mobiliário (m)	perabot	[pɛrabot]
mesa (f)	meja	[medʒa]
cadeira (f)	kerusi	[krusi]
cama (f)	katil	[katil]
sofá, divã (m)	sofa	[sofa]
poltrona (f)	kerusi tangan	[krusi taŋan]
estante (f)	almari buku	[almari buku]
prateleira (f)	rak	[rak]
guarda-roupas (m)	almari	[almari]
cabide (m) de parede	tempat sangkut baju	[tɛmpat saŋkut badʒu]
cabideiro (m) de pé	penyangkut kot	[pɛnjaŋkut kot]
cômoda (f)	almari laci	[almari latʃi]
mesinha (f) de centro	meja tamu	[medʒa tamu]
espelho (m)	cermin	[ʧɛrmin]
tapete (m)	permaidani	[pɛrmajdani]
tapete (m) pequeno	ambal	[ambal]
lareira (f)	perapian	[pɛrapian]
vela (f)	linlin	[linlin]
castiçal (m)	kaki dian	[kaki dian]
cortinas (f pl)	langsir	[laŋsir]
papel (m) de parede	kertas dinding	[kɛrtas dindiŋ]
persianas (f pl)	kerai	[kraj]
luminária (f) de mesa	lampu meja	[lampu medʒa]
luminária (f) de parede	lampu dinding	[lampu dindiŋ]
abajur (m) de pé	lampu lantai	[lampu lantaj]
lustre (m)	candelier	[ʧandelir]
pé (de mesa, etc.)	kaki	[kaki]
braço, descanso (m)	lengan	[lɛŋan]
costas (f pl)	sandaran	[sandaran]
gaveta (f)	laci	[latʃi]

65. Quarto de dormir

roupa (f) de cama	linen	[linen]
travesseiro (m)	bantal	[bantal]
fronha (f)	sarung bantal	[saruŋ bantal]
cobertor (m)	selimut	[sɛlimut]
lençol (m)	kain cadar	[kain ʧadar]
colcha (f)	tutup tilam bantal	[tutup tilam bantal]

66. Cozinha

cozinha (f)	dapur	[dapur]
gás (m)	gas	[gas]
fogão (m) a gás	dapur gas	[dapur gas]
fogão (m) elétrico	dapur elektrik	[dapur elektrik]
forno (m)	oven	[oven]
forno (m) de micro-ondas	dapur gelombang mikro	[dapur gɛlombaŋ mikro]
geladeira (f)	peti sejuk	[pɛti sɛʤuk]
congelador (m)	petak sejuk beku	[petak sɛʤuk bɛku]
máquina (f) de lavar louça	mesin basuh pinggan mangkuk	[mesin basuh piŋgan maŋkuk]
moedor (m) de carne	pengisar daging	[pɛŋisar dagiŋ]
espremedor (m)	pemerah jus	[pɛmɛrah ʤus]
torradeira (f)	pembakar roti	[pɛmbakar roti]
batedeira (f)	pengadun	[pɛŋadun]
máquina (f) de café	pembuat kopi	[pɛmbuat kopi]
cafeteira (f)	kole kopi	[kole kopi]
moedor (m) de café	pengisar kopi	[pɛŋisar kopi]
chaleira (f)	cerek	[ʧerek]
bule (m)	poci	[poʧi]
tampa (f)	tutup	[tutup]
coador (m) de chá	penapis the	[pɛnapis teh]
colher (f)	sudu	[sudu]
colher (f) de chá	sudu teh	[sudu teh]
colher (f) de sopa	sudu makan	[sudu makan]
garfo (m)	garpu	[garpu]
faca (f)	pisau	[pisau]
louça (f)	pinggan mangkuk	[piŋgan maŋkuk]
prato (m)	pinggan	[piŋgan]
pires (m)	alas cawan	[alas ʧavan]
cálice (m)	gelas wain kecil	[glas vajn keʧil]
copo (m)	gelas	[glas]
xícara (f)	cawan	[ʧavan]
açucareiro (m)	tempat gula	[tɛmpat gula]
saleiro (m)	tempat garam	[tɛmpat garam]

| pimenteiro (m) | tempat lada | [tɛmpat lada] |
| manteigueira (f) | tempat mentega | [tɛmpat mɛntega] |

panela (f)	periuk	[priuk]
frigideira (f)	kuali	[kuali]
concha (f)	sendok	[sendok]
coador (m)	alat peniris	[alat pɛniris]
bandeja (f)	dulang	[dulaŋ]

garrafa (f)	botol	[botol]
pote (m) de vidro	balang	[balaŋ]
lata (~ de cerveja)	tin	[tin]

abridor (m) de garrafa	pembuka botol	[pɛmbuka botol]
abridor (m) de latas	pembuka tin	[pɛmbuka tin]
saca-rolhas (m)	skru gabus	[skru gabus]
filtro (m)	penapis	[pɛnapis]
filtrar (vt)	menapis	[mɛnapis]

| lixo (m) | sampah | [sampah] |
| lixeira (f) | baldi sampah | [baldi sampah] |

67. Casa de banho

banheiro (m)	bilik mandi	[bilik mandi]
água (f)	air	[air]
torneira (f)	pili	[pili]
água (f) quente	air panas	[air panas]
água (f) fria	air sejuk	[air sɛdʒuk]

pasta (f) de dente	ubat gigi	[ubat gigi]
escovar os dentes	memberus gigi	[mɛmbɛrus gigi]
escova (f) de dente	berus gigi	[bɛrus gigi]

barbear-se (vr)	bercukur	[bɛrtʃukur]
espuma (f) de barbear	buih cukur	[buih tʃukur]
gilete (f)	pisau cukur	[pisau tʃukur]

lavar (vt)	mencuci	[mɛntʃutʃi]
tomar banho	mandi	[mandi]
chuveiro (m), ducha (f)	pancuran mandi	[pantʃuran mandi]
tomar uma ducha	mandi di bawah	[mandi di bavah
	pancuran air	pantʃuran air]

banheira (f)	tab mandi	[tab mandi]
vaso (m) sanitário	mangkuk tandas	[maŋkuk tandas]
pia (f)	sink cuci tangan	[siŋk tʃutʃi taŋan]

| sabonete (m) | sabun | [sabun] |
| saboneteira (f) | tempat sabun | [tɛmpat sabun] |

esponja (f)	span	[span]
xampu (m)	syampu	[ʃampu]
toalha (f)	tuala	[tuala]

roupão (m) de banho	jubah mandi	[dʒubah mandi]
lavagem (f)	pembasuhan	[pɛmbasuhan]
lavadora (f) de roupas	mesin pembasuh	[mesin pɛmbasuh]
lavar a roupa	membasuh	[mɛmbasuh]
detergente (m)	serbuk pencuci	[serbuk pɛntʃutʃi]

68. Eletrodomésticos

televisor (m)	peti televisyen	[pɛti televiʃɛn]
gravador (m)	perakam	[pɛrakam]
videogravador (m)	perakam video	[pɛrakam video]
rádio (m)	pesawat radio	[pɛsavat radio]
leitor (m)	pemain	[pɛmajn]

projetor (m)	penayang video	[pɛnajaŋ video]
cinema (m) em casa	pawagam rumah	[pavagam rumah]
DVD Player (m)	pemain DVD	[pɛmajn di vi di]
amplificador (m)	penguat	[pɛŋwat]
console (f) de jogos	konsol permainan video	[konsol pɛrmajnan video]

câmera (f) de vídeo	kamera video	[kamera video]
máquina (f) fotográfica	kamera foto	[kamera foto]
câmera (f) digital	kamera digital	[kamera digital]

aspirador (m)	pembersih vakum	[pɛmbɛrsih vakum]
ferro (m) de passar	seterika	[sɛtɛrika]
tábua (f) de passar	papan seterika	[papan sɛtɛrika]

telefone (m)	telefon	[telefon]
celular (m)	telefon bimbit	[telefon bimbit]
máquina (f) de escrever	mesin taip	[mesin tajp]
máquina (f) de costura	mesin jahit	[mesin dʒahit]

microfone (m)	mikrofon	[mikrofon]
fone (m) de ouvido	pendengar telinga	[pɛndɛŋar tɛliŋa]
controle remoto (m)	alat kawalan jauh	[alat kavalan dʒauh]

CD (m)	cakera padat	[tʃakra padat]
fita (f) cassete	kaset	[kaset]
disco (m) de vinil	piring hitam	[piriŋ hitam]

ATIVIDADES HUMANAS

Emprego. Negócios. Parte 1

69. Escritório. O trabalho no escritório

escritório (~ de advogados)	pejabat	[pɛdʒabat]
escritório (do diretor, etc.)	pejabat	[pɛdʒabat]
recepção (f)	meja sambut tetamu	[medʒa sambut tɛtamu]
secretário (m)	setiausaha	[sɛtiausaha]
diretor (m)	pengarah	[pɛŋarah]
gerente (m)	menejar	[mɛnedʒar]
contador (m)	akauntan	[akauntan]
empregado (m)	kakitangan	[kakitaŋan]
mobiliário (m)	perabot	[pɛrabot]
mesa (f)	meja	[medʒa]
cadeira (f)	kerusi tangan	[krusi taŋan]
gaveteiro (m)	almari kecil berlaci	[almari kɛtʃil bɛrlatʃi]
cabideiro (m) de pé	penyangkut kot	[pɛnjaŋkut kot]
computador (m)	komputer	[komputɛr]
impressora (f)	printer	[printɛr]
fax (m)	faks	[faks]
fotocopiadora (f)	mesin fotokopi	[mesin fotokopi]
papel (m)	kertas	[kɛrtas]
artigos (m pl) de escritório	alat-alat tulis	[alat alat tulis]
tapete (m) para mouse	alas tetikus	[alas tɛtikus]
folha (f)	helai	[hɛlaj]
pasta (f)	folder	[foldɛr]
catálogo (m)	katalog	[katalog]
lista (f) telefônica	buku rujukan	[buku rudʒukan]
documentação (f)	dokumentasi	[dokumɛntasi]
brochura (f)	brosur	[brosur]
panfleto (m)	surat sebaran	[surat sebaran]
amostra (f)	contoh	[tʃontoh]
formação (f)	latihan	[latihan]
reunião (f)	mesyuarat	[mɛɕuarat]
hora (f) de almoço	masa rehat	[masa rehat]
fazer uma cópia	membuat salinan	[mɛmbuat salinan]
tirar cópias	membuat salinan	[mɛmbuat salinan]
receber um fax	menerima faks	[mɛnɛrima faks]
enviar um fax	mengirim faks	[mɛŋirim faks]
fazer uma chamada	menelefon	[mɛnelefon]

| responder (vt) | menjawab | [mɛndʒavab] |
| passar (vt) | menyambung | [mɛnjambuŋ] |

marcar (vt)	menentukan	[mɛnɛntukan]
demonstrar (vt)	memperlihatkan	[mɛmpɛrlihatkan]
estar ausente	tidak hadir	[tidak hadir]
ausência (f)	ketidakhadiran	[kɛtidaχadiran]

70. Processos negociais. Parte 1

| negócio (m) | usaha | [usaha] |
| ocupação (f) | pekerjaan | [pɛkɛrdʒaan] |

firma, empresa (f)	firma	[firma]
companhia (f)	syarikat	[ɕarikat]
corporação (f)	perbadanan	[pɛrbadanan]
empresa (f)	perusahaan	[pɛrusahaan]
agência (f)	agensi	[agensi]

acordo (documento)	perjanjian	[pɛrdʒandʒian]
contrato (m)	kontrak	[kontrak]
acordo (transação)	transaksi	[transaksi]
pedido (m)	tempahan	[tɛmpahan]
termos (m pl)	syarat, terma	[ɕarat], [tɛrma]

por atacado	secara borong	[sɛtʃara boroŋ]
por atacado (adj)	borongan	[boroŋan]
venda (f) por atacado	jualan borong	[dʒualan boroŋ]
a varejo	runcit	[runtʃit]
venda (f) a varejo	jualan runcit	[dʒualan runtʃit]

concorrente (m)	pesaing	[pɛsaiŋ]
concorrência (f)	persaingan	[pɛrsaiŋan]
competir (vi)	bersaing	[bɛrsaiŋ]

| sócio (m) | rakan kongsi | [rakan koŋsi] |
| parceria (f) | kerakanan | [kɛrakanan] |

crise (f)	krisis	[krisis]
falência (f)	kebankrapan	[kɛbaŋkrapan]
entrar em falência	jatuh bengkrap	[dʒatuh baŋkrap]
dificuldade (f)	kesukaran	[kɛsukaran]
problema (m)	masalah	[masalah]
catástrofe (f)	kemalangan	[kɛmalaŋan]

economia (f)	ekonomi	[ekonomi]
econômico (adj)	ekonomi	[ekonomi]
recessão (f) econômica	kemerosotan ekonomi	[kɛmɛrosotan ekonomi]

| objetivo (m) | tujuan | [tudʒuan] |
| tarefa (f) | tugas | [tugas] |

| comerciar (vi, vt) | berdagang | [bɛrdagaŋ] |
| rede (de distribuição) | rangkaian | [raŋkajan] |

| estoque (m) | stok | [stok] |
| sortimento (m) | pilihan | [pilihan] |

líder (m)	pemimpin	[pɛmimpin]
grande (~ empresa)	besar	[bɛsar]
monopólio (m)	monopoli	[monopoli]

teoria (f)	teori	[teori]
prática (f)	praktik	[praktik]
experiência (f)	pengalaman	[pɛŋalaman]
tendência (f)	tendensi	[tendɛnsi]
desenvolvimento (m)	perkembangan	[pɛrkɛmbaŋan]

71. Processos negociais. Parte 2

| rentabilidade (f) | keuntungan | [kɛuntuŋan] |
| rentável (adj) | menguntungkan | [mɛŋuntuŋkan] |

delegação (f)	delegasi	[delegasi]
salário, ordenado (m)	gaji, upah	[gadʒi], [upah]
corrigir (~ um erro)	memperbaiki	[mɛmpɛrbaiki]
viagem (f) de negócios	lawatan kerja	[lavatan kɛrdʒa]
comissão (f)	suruhanjaya	[suruhandʒaja]

controlar (vt)	mengawal	[mɛŋaval]
conferência (f)	persidangan	[pɛrsidaŋan]
licença (f)	lesen	[lesen]
confiável (adj)	boleh diharap	[bole diharap]

empreendimento (m)	inisiatif	[inisiatif]
norma (f)	standard	[standard]
circunstância (f)	keadaan	[kɛadaan]
dever (do empregado)	tugas	[tugas]

empresa (f)	pertubuhan	[pɛrtubuhan]
organização (f)	pengurusan	[pɛŋurusan]
organizado (adj)	terurus	[tɛrurus]
anulação (f)	pembatalan	[pɛmbatalan]
anular, cancelar (vt)	membatalkan	[mɛmbatalkan]
relatório (m)	penyata	[pɛnjata]

patente (f)	paten	[paten]
patentear (vt)	berpaten	[bɛrpaten]
planejar (vt)	merancang	[mɛrantʃaŋ]

bônus (m)	ganjaran	[gandʒaran]
profissional (adj)	profesional	[profesional]
procedimento (m)	prosedur	[prosedur]

examinar (~ a questão)	meninjau	[mɛnindʒau]
cálculo (m)	penghitungan	[pɛŋɣituŋan]
reputação (f)	reputasi	[reputasi]
risco (m)	risiko	[risiko]
dirigir (~ uma empresa)	memimpin	[mɛmimpin]

informação (f)	data	[data]
propriedade (f)	milik	[milik]
união (f)	kesatuan	[kɛsatuan]

seguro (m) de vida	insurans nyawa	[insurans njava]
fazer um seguro	menginsurans	[mɛŋinsurans]
seguro (m)	insurans	[insurans]

leilão (m)	lelong	[leloŋ]
notificar (vt)	memberitahu	[mɛmbritahu]
gestão (f)	pengurusan	[pɛŋurusan]
serviço (indústria de ~s)	khidmat	[xidmat]

fórum (m)	forum	[forum]
funcionar (vi)	berfungsi	[bɛrfuŋsi]
estágio (m)	peringkat	[priŋkat]
jurídico, legal (adj)	guaman	[guaman]
advogado (m)	peguam	[pɛguam]

72. Produção. Trabalhos

usina (f)	loji	[lodʒi]
fábrica (f)	kilang	[kilaŋ]
oficina (f)	bengkel	[beŋkel]
local (m) de produção	perusahaan	[pɛrusahaan]

indústria (f)	industri	[industri]
industrial (adj)	industri	[industri]
indústria (f) pesada	industri berat	[industri brat]
indústria (f) ligeira	industri ringan	[industri riŋan]

produção (f)	hasil pengeluaran	[hasil pɛŋɛluaran]
produzir (vt)	mengeluarkan	[mɛŋɛluarkan]
matérias-primas (f pl)	bahan mentah	[bahan mɛntah]

chefe (m) de obras	fomen	[fomen]
equipe (f)	kumpulan pekerja	[kumpulan pɛkɛrdʒa]
operário (m)	buruh, pekerja	[buruh], [pɛkɛrdʒa]

dia (m) de trabalho	hari kerja	[hari kɛrdʒa]
intervalo (m)	perhentian	[pɛrhɛntian]
reunião (f)	mesyuarat	[mɛɕuarat]
discutir (vt)	membincangkan	[mɛmbintʃaŋkan]

plano (m)	rancangan	[rantʃaŋan]
cumprir o plano	menunaikan rancangan	[mɛnunajkan rantʃaŋan]
taxa (f) de produção	norma keluaran	[norma kɛluaran]
qualidade (f)	mutu	[mutu]
controle (m)	pemeriksaan	[pɛmɛriksaan]
controle (m) da qualidade	pemeriksaan mutu	[pɛmɛriksaan mutu]

segurança (f) no trabalho	keselamatan kerja	[kɛsɛlamatan kɛrdʒa]
disciplina (f)	disiplin	[disiplin]
infração (f)	pelanggaran	[pɛlaŋgaran]

violar (as regras)	melanggar	[mɛlaŋgar]
greve (f)	pemogokan	[pɛmogokan]
grevista (m)	pemogok	[pɛmogok]
estar em greve	mogok	[mogok]
sindicato (m)	kesatuan sekerja	[kɛsatuan sɛkɛrdʒa]

inventar (vt)	menemu	[mɛnɛmu]
invenção (f)	penemuan	[pɛnɛmuan]
pesquisa (f)	penyelidikan	[pɛnjelidikan]
melhorar (vt)	memperbaik	[mɛmpɛrbaik]
tecnologia (f)	teknologi	[teknologi]
desenho (m) técnico	rajah	[radʒah]

carga (f)	muatan	[muatan]
carregador (m)	pemuat	[pɛmuat]
carregar (o caminhão, etc.)	memuat	[mɛmuat]
carregamento (m)	pemuatan	[pɛmuatan]
descarregar (vt)	memunggah	[mɛmuŋgah]
descarga (f)	pemunggahan	[pɛmuŋgahan]

transporte (m)	pengangkutan	[pɛŋaŋkutan]
companhia (f) de transporte	syarikat pengangkutan	[çarikat pɛŋaŋkutan]
transportar (vt)	mengangkut	[mɛŋaŋkut]

vagão (m) de carga	gerabak barang	[gɛrabak baraŋ]
tanque (m)	tangki	[taŋki]
caminhão (m)	lori	[lori]

| máquina (f) operatriz | mesin | [mesin] |
| mecanismo (m) | mekanisme | [mekanisme] |

resíduos (m pl) industriais	sisa buangan	[sisa buaŋan]
embalagem (f)	pembungkusan	[pɛmbuŋkusan]
embalar (vt)	membungkus	[mɛmbuŋkus]

73. Contrato. Acordo

contrato (m)	kontrak	[kontrak]
acordo (m)	perjanjian	[pɛrdʒandʒian]
adendo, anexo (m)	lampiran	[lampiran]

assinar o contrato	membuat surat perjanjian	[mɛmbuat surat pɛrdʒandʒian]
assinatura (f)	tanda tangan	[tanda taŋan]
assinar (vt)	menandatangani	[mɛnandataŋani]
carimbo (m)	cap	[t͡ʃap]

objeto (m) do contrato	subjek perjanjian	[subdʒek pɛrdʒandʒian]
cláusula (f)	fasal, perkara	[fasal], [pɛrkara]
partes (f pl)	pihak	[pihak]
domicílio (m) legal	alamat rasmi	[alamat rasmi]

violar o contrato	melanggar perjanjian	[mɛlaŋgar pɛrdʒandʒian]
obrigação (f)	kewajipan	[kɛvadʒipan]
responsabilidade (f)	tanggungjawab	[taŋguŋdʒavab]

força (f) maior	keadaan memaksa	[kɛadaan mɛmaksa]
litígio (m), disputa (f)	pertengkaran	[pɛrtɛŋkaran]
multas (f pl)	sekatan	[sɛkatan]

74. Importação & Exportação

importação (f)	import	[import]
importador (m)	pengimport	[pɛŋimport]
importar (vt)	mengimport	[mɛŋimport]
de importação	import	[import]

exportação (f)	eksport	[eksport]
exportador (m)	pengeksport	[pɛŋeksport]
exportar (vt)	mengeksport	[mɛŋeksport]
de exportação	eksport	[eksport]

| mercadoria (f) | barangan | [baraŋan] |
| lote (de mercadorias) | konsainan | [konsajnan] |

peso (m)	berat	[brat]
volume (m)	jumlah	[dʒumlah]
metro (m) cúbico	meter padu	[metɛr padu]

produtor (m)	pembuat	[pɛmbuat]
companhia (f) de transporte	syarikat pengangkutan	[ɕarikat pɛŋaŋkutan]
contêiner (m)	kontena	[kontena]

fronteira (f)	sempadan	[sɛmpadan]
alfândega (f)	kastam	[kastam]
taxa (f) alfandegária	ikrar kastam	[ikrar kastam]
funcionário (m) da alfândega	anggota kastam	[aŋgota kastam]
contrabando (atividade)	penyeludupan	[pɛnjeludupan]
contrabando (produtos)	barang-barang seludupan	[baraŋ baraŋ sɛludupan]

75. Finanças

ação (f)	saham	[saham]
obrigação (f)	bon	[bon]
nota (f) promissória	bil pertukaran	[bil pɛrtukaran]

| bolsa (f) de valores | bursa | [bursa] |
| cotação (m) das ações | harga saham | [harga saham] |

| tornar-se mais barato | menjadi murah | [mɛndʒadi murah] |
| tornar-se mais caro | menjadi mahal | [mɛndʒadi mahal] |

| parte (f) | pangsa | [paŋsa] |
| participação (f) majoritária | saham majoriti | [saham madʒoriti] |

investimento (m)	pelaburan	[pɛlaburan]
investir (vt)	melabur	[mɛlabur]
porcentagem (f)	peratus	[pɛratus]

juros (m pl)	bunga	[buŋa]
lucro (m)	untung	[untuŋ]
lucrativo (adj)	beruntung	[bɛruntuŋ]
imposto (m)	cukai	[ʧukaj]

divisa (f)	mata wang	[mata vaŋ]
nacional (adj)	nasional	[nasional]
câmbio (m)	pertukaran	[pɛrtukaran]

contador (m)	akauntan	[akauntan]
contabilidade (f)	pejabat perakaunan	[pɛdʒabat pɛrakaunan]

falência (f)	kebankrapan	[kɛbaŋkrapan]
falência, quebra (f)	kehancuran	[kɛhanʧuran]
ruína (f)	kebankrapan	[kɛbaŋkrapan]
estar quebrado	bankrap	[baŋkrap]
inflação (f)	inflasi	[inflasi]
desvalorização (f)	devaluisi	[devaluisi]

capital (m)	modal	[modal]
rendimento (m)	pendapatan	[pɛndapatan]
volume (m) de negócios	peredaran	[pɛredaran]
recursos (m pl)	wang	[vaŋ]
recursos (m pl) financeiros	sumber wang	[sumbɛr vaŋ]

despesas (f pl) gerais	kos tidak langsung	[kos tidak laŋsuŋ]
reduzir (vt)	mengurangkan	[mɛŋuraŋkan]

76. Marketing

marketing (m)	pemasaran	[pɛmasaran]
mercado (m)	pasaran	[pasaran]
segmento (m) do mercado	segmen pasaran	[segmɛn pasaran]
produto (m)	hasil	[hasil]
mercadoria (f)	barangan	[baraŋan]

marca (f)	jenama	[dʒɛnama]
marca (f) registrada	cap dagang	[ʧap dagaŋ]
logotipo (m)	logo	[logo]
logo (m)	logo	[logo]

demanda (f)	permintaan	[pɛrmintaan]
oferta (f)	penawaran	[pɛnavaran]
necessidade (f)	keperluan	[kɛpɛrluan]
consumidor (m)	pengguna	[pɛŋguna]

análise (f)	analisis	[analisis]
analisar (vt)	menganalisis	[mɛŋanalisis]
posicionamento (m)	penentududukan	[pɛnɛntududukan]
posicionar (vt)	menentukan kedudukan	[mɛnɛntukan kɛdudukan]

preço (m)	harga	[harga]
política (f) de preços	dasar harga	[dasar harga]
formação (f) de preços	pembentukan harga	[pɛmbentukan harga]

77. Publicidade

publicidade (f)	iklan	[iklan]
fazer publicidade	mengiklankan	[mɛŋiklaŋkan]
orçamento (m)	bajet	[badʒet]
anúncio (m)	iklan	[iklan]
publicidade (f) na TV	iklan TV	[iklan tivi]
publicidade (f) na rádio	iklan di radio	[iklan di radio]
publicidade (f) exterior	iklan luaran	[iklan luaran]
comunicação (f) de massa	sebaran am	[sebaran am]
periódico (m)	terbitan berkala	[tɛrbitan bɛrkala]
imagem (f)	imej	[imedʒ]
slogan (m)	slogan	[slogan]
mote (m), lema (f)	motto	[motto]
campanha (f)	kempen	[kempen]
campanha (f) publicitária	kempen iklan	[kempen iklan]
grupo (m) alvo	kelompok sasaran	[kɛlompok sasaran]
cartão (m) de visita	kad nama	[kad nama]
panfleto (m)	surat sebaran	[surat sebaran]
brochura (f)	brosur	[brosur]
folheto (m)	brosur	[brosur]
boletim (~ informativo)	buletin	[bulɛtin]
letreiro (m)	papan nama	[papan nama]
cartaz, pôster (m)	poster	[postɛr]
painel (m) publicitário	papan iklan	[papan iklan]

78. Banca

banco (m)	bank	[baŋk]
balcão (f)	cawangan	[ʧavaŋan]
consultor (m) bancário	perunding	[pɛrundiŋ]
gerente (m)	pengurus	[pɛŋurus]
conta (f)	akaun	[akaun]
número (m) da conta	nombor akaun	[nombor akaun]
conta (f) corrente	akaun semasa	[akaun sɛmasa]
conta (f) poupança	akaun simpanan	[akaun simpanan]
abrir uma conta	membuka akaun	[mɛmbuka akaun]
fechar uma conta	menutup akaun	[mɛnutup akaun]
depositar na conta	memasukkan wang ke dalam akaun	[mɛmasukkan vaŋ kɛ dalam akaun]
sacar (vt)	mengeluarkan wang	[mɛŋɛluarkan vaŋ]
depósito (m)	simpanan wang	[simpanan vaŋ]
fazer um depósito	memasukkan wang	[mɛmasukkan vaŋ]

| transferência (f) bancária | transfer | [transfer] |
| transferir (vt) | mengirim duit | [mɛɲirim duit] |

| soma (f) | jumlah | [dʒumlah] |
| Quanto? | Berapa? | [brapa] |

| assinatura (f) | tanda tangan | [tanda taŋan] |
| assinar (vt) | menandatangani | [mɛnandataŋani] |

cartão (m) de crédito	kad kredit	[kad kredit]
senha (f)	kod	[kod]
número (m) do cartão de crédito	nombor kad kredit	[nombor kad kredit]
caixa (m) eletrônico	ATM	[ɛj ti ɛm]

cheque (m)	cek	[tʃek]
passar um cheque	menulis cek	[mɛnulis tʃek]
talão (m) de cheques	buku cek	[buku tʃek]

empréstimo (m)	pinjaman	[pindʒaman]
pedir um empréstimo	meminta pinjaman	[mɛminta pindʒaman]
obter empréstimo	mengambil pinjaman	[mɛŋambil pindʒaman]
dar um empréstimo	memberi pinjaman	[mɛmbri pindʒaman]
garantia (f)	jaminan	[dʒaminan]

79. Telefone. Conversação telefônica

telefone (m)	telefon	[telefon]
celular (m)	telefon bimbit	[telefon bimbit]
secretária (f) eletrônica	mesin menjawab panggilan telefon	[mesin mɛndʒavab paŋgilan telefon]

| fazer uma chamada | menelefon | [mɛnelefon] |
| chamada (f) | panggilan telefon | [paŋgilan telefon] |

discar um número	mendail nombor	[mɛndajl nombor]
Alô!	Helo!	[helo]
perguntar (vt)	menyoal	[mɛnjoal]
responder (vt)	menjawab	[mɛndʒavab]

ouvir (vt)	mendengar	[mɛndɛŋar]
bem	baik	[baik]
mal	buruk	[buruk]
ruído (m)	bising	[bisiŋ]

fone (m)	gagang	[gagaŋ]
pegar o telefone	mengankat gagang telefon	[mɛŋaŋkat gagaŋ telefon]
desligar (vi)	meletakkan gagang telefon	[mɛlɛtakkan gagaŋ telefon]

ocupado (adj)	sibuk	[sibuk]
tocar (vi)	berdering	[bɛrdɛriŋ]
lista (f) telefônica	buku panduan telefon	[buku panduan telefon]
local (adj)	tempatan	[tɛmpatan]

73

chamada (f) local	panggilan tempatan	[paŋgilan tɛmpatan]
de longa distância	antarabandar	[antarabandar]
chamada (f) de longa distância	panggilan antarabandar	[paŋgilan antarabandar]
internacional (adj)	antarabangsa	[antarabaŋsa]
chamada (f) internacional	panggilan antarabangsa	[paŋgilan antarabaŋsa]

80. Telefone móvel

celular (m)	telefon bimbit	[telefon bimbit]
tela (f)	peranti paparan	[pɛranti paparan]
botão (m)	tombol	[tombol]
cartão SIM (m)	Kad SIM	[kad sim]
bateria (f)	bateri	[batɛri]
descarregar-se (vr)	nyahcas	[njahʧas]
carregador (m)	pengecas	[pɛŋɛʧas]
menu (m)	menu	[menu]
configurações (f pl)	setting	[setiŋ]
melodia (f)	melodi nada dering	[melodi nada dɛriŋ]
escolher (vt)	memilih	[mɛmilih]
calculadora (f)	mesin hitung	[mesin hituŋ]
correio (m) de voz	mesin menjawab panggilan telefon	[mesin mɛndʒavab paŋgilan telefon]
despertador (m)	jam loceng	[dʒam loʧeŋ]
contatos (m pl)	buku panduan telefon	[buku panduan telefon]
mensagem (f) de texto	SMS, khidmat pesanan ringkas	[ɛs ɛm ɛs], [hidmat pɛsanan riŋkas]
assinante (m)	pelanggan	[pɛlaŋgan]

81. Estacionário

caneta (f)	pena mata bulat	[pɛna mata bulat]
caneta (f) tinteiro	pena tinta	[pɛna tinta]
lápis (m)	pensel	[pensel]
marcador (m) de texto	pen penyerlah	[pen pɛnjerlah]
caneta (f) hidrográfica	marker	[marker]
bloco (m) de notas	buku catatan	[buku ʧatatan]
agenda (f)	buku harian	[buku harian]
régua (f)	kayu pembaris	[kaju pɛmbaris]
calculadora (f)	mesin hitung	[mesin hituŋ]
borracha (f)	getah pemadam	[gɛtah pɛmadam]
alfinete (m)	paku tekan	[paku tɛkan]
clipe (m)	klip kertas	[klip kɛrtas]
cola (f)	perekat	[pɛrɛkat]
grampeador (m)	pengokot	[pɛŋokot]

| furador (m) de papel | penebuk | [pɛnɛbuk] |
| apontador (m) | pengasah pensel | [pɛŋasah pensel] |

82. Tipos de negócios

serviços (m pl) de contabilidade	khidmat perakaunan	[xidmat pɛrakaunan]
publicidade (f)	iklan	[iklan]
agência (f) de publicidade	agensi periklanan	[agensi periklanan]
ar (m) condicionado	penghawa dingin	[pɛŋɣava diŋin]
companhia (f) aérea	syarikat penerbangan	[ɕarikat pɛnɛrbaŋan]

bebidas (f pl) alcoólicas	minuman keras	[minuman kras]
comércio (m) de antiguidades	antikuiti	[antikuiti]
galeria (f) de arte	balai seni lukis	[balaj sɛni lukis]
serviços (m pl) de auditoria	perkhidmatan audit	[pɛrxidmatan audit]

negócios (m pl) bancários	perniagaan perbankan	[pɛrniagaan pɛrbaŋkan]
bar (m)	bar	[bar]
salão (m) de beleza	salon kecantikan	[salon kɛʧantikan]
livraria (f)	kedai buku	[kɛdaj buku]
cervejaria (f)	kilang bir	[kilaŋ bir]
centro (m) de escritórios	pusat perniagaan	[pusat pɛrniagaan]
escola (f) de negócios	sekolah perniagaan	[sɛkolah pɛrniagaan]

cassino (m)	kasino	[kasino]
construção (f)	pembinaan	[pɛmbinaan]
consultoria (f)	perundingan	[pɛrundiŋan]

clínica (f) dentária	pergigian	[pɛrgigian]
design (m)	reka bentuk	[reka bɛntuk]
drogaria (f)	kedai ubat	[kɛdaj ubat]
lavanderia (f)	kedai cucian kering	[kɛdaj ʧuʧian kɛriŋ]
agência (f) de emprego	agensi pekerjaan	[agensi pɛkɛrdʒaan]

serviços (m pl) financeiros	khidmat kewangan	[xidmat kɛvaŋan]
alimentos (m pl)	bahan makanan	[bahan makanan]
funerária (f)	rumah urus mayat	[rumah urus majat]
mobiliário (m)	perabot	[pɛrabot]
roupa (f)	pakaian	[pakajan]
hotel (m)	hotel	[hotel]

sorvete (m)	ais krim	[ajs krim]
indústria (f)	industri	[industri]
seguro (~ de vida, etc.)	insurans	[insurans]
internet (f)	Internet	[intɛrnet]
investimento (m)	pelaburan	[pɛlaburan]

joalheiro (m)	tukang emas	[tukaŋ ɛmas]
joias (f pl)	barang-barang kemas	[baraŋ baraŋ kɛmas]
lavanderia (f)	dobi	[dobi]
assessorias (f pl) jurídicas	khidmat guaman	[xidmat guaman]
indústria (f) ligeira	industri ringan	[industri riŋan]
revista (f)	majalah	[madʒalah]

vendas (f pl) por catálogo	perniagaan gaya pos	[pɛrniagaan gaja pos]
medicina (f)	perubatan	[pɛrubatan]
cinema (m)	pawagam	[pavagam]
museu (m)	muzium	[muzium]
agência (f) de notícias	syarikat berita	[ɕarikat brita]
jornal (m)	akhbar	[ahbar]
boate (casa noturna)	kelab malam	[klab malam]
petróleo (m)	minyak	[minjak]
serviços (m pl) de remessa	perkhidmatan kurier	[pɛrχidmatan kurir]
indústria (f) farmacêutica	farmasi	[farmasi]
tipografia (f)	percetakan	[pɛrtʃetakan]
editora (f)	penerbit	[pɛnɛrbit]
rádio (m)	radio	[radio]
imobiliário (m)	hartanah	[hartanah]
restaurante (m)	restoran	[restoran]
empresa (f) de segurança	agensi pengawal keselamatan	[agensi pɛŋaval kɛselamatan]
esporte (m)	sukan	[sukan]
bolsa (f) de valores	bursa	[bursa]
loja (f)	kedai	[kɛdaj]
supermercado (m)	pasaraya	[pasaraja]
piscina (f)	kolam renang	[kolam rɛnaŋ]
alfaiataria (f)	kedai jahit	[kedaj dʒahit]
televisão (f)	televisyen	[televiʃɛn]
teatro (m)	teater	[teatɛr]
comércio (m)	perdagangan	[pɛrdagaŋan]
serviços (m pl) de transporte	pengangkutan	[pɛŋaŋkutan]
viagens (f pl)	pelancongan	[pɛlantʃoŋan]
veterinário (m)	pakar veterinar	[pakar vetɛrinar]
armazém (m)	stor	[stor]
recolha (f) do lixo	pengangkutan sampah	[pɛŋaŋkutan sampah]

Emprego. Negócios. Parte 2

83. Espetáculo. Feira

feira, exposição (f)	pameran	[pameran]
feira (f) comercial	pameran dagangan	[pameran dagaŋan]
participação (f)	penyertaan	[pɛnjertaan]
participar (vi)	menyertai	[mɛnjertai]
participante (m)	peserta	[pɛserta]
diretor (m)	pengarah	[pɛŋarah]
direção (f)	pejabat pengelola	[pɛdʒabat pɛŋɛlola]
organizador (m)	pengurus	[pɛŋurus]
organizar (vt)	mengurus	[mɛŋurus]
ficha (f) de inscrição	borang penyertaan	[boraŋ pɛnjertaan]
preencher (vt)	mengisi	[mɛŋisi]
detalhes (m pl)	perincian	[pɛrintʃian]
informação (f)	maklumat	[maklumat]
preço (m)	harga	[harga]
incluindo	termasuk	[tɛrmasuk]
incluir (vt)	termasuk	[tɛrmasuk]
pagar (vt)	membayar	[mɛmbajar]
taxa (f) de inscrição	yuran pendaftaran	[juran pɛndaftaran]
entrada (f)	masuk	[masuk]
pavilhão (m), salão (f)	gerai	[gɛraj]
inscrever (vt)	mendaftar	[mɛndaftar]
crachá (m)	lencana	[lɛntʃana]
stand (m)	gerai	[gɛraj]
reservar (vt)	menempah	[mɛnɛmpah]
vitrine (f)	almari kaca	[almari katʃa]
lâmpada (f)	lampu	[lampu]
design (m)	reka bentuk	[reka bɛntuk]
pôr (posicionar)	menempatkan	[mɛnɛmpatkan]
ser colocado, -a	bertempat	[bɛrtɛmpat]
distribuidor (m)	pengedar	[pɛŋedar]
fornecedor (m)	pembekal	[pɛmbɛkal]
fornecer (vt)	membekal	[mɛmbɛkal]
país (m)	negara	[nɛgara]
estrangeiro (adj)	asing	[asiŋ]
produto (m)	barangan	[baraŋan]
associação (f)	asosiasi	[asosiasi]
sala (f) de conferência	dewan persidangan	[devan pɛrsidaŋan]

| congresso (m) | kongres | [koŋres] |
| concurso (m) | sayembara | [saɛmbara] |

visitante (m)	pelawat	[pɛlavat]
visitar (vt)	melawat	[mɛlavat]
cliente (m)	pelanggan	[pɛlaŋgan]

84. Ciência. Investigação. Cientistas

ciência (f)	ilmu, sains	[ilmu], [sajns]
científico (adj)	saintifik	[saintifik]
cientista (m)	ilmuwan	[ilmuvan]
teoria (f)	teori	[teori]

axioma (m)	aksiom	[aksiom]
análise (f)	analisis	[analisis]
analisar (vt)	menganalisis	[mɛŋanalisis]
argumento (m)	hujah	[hudʒah]
substância (f)	jirim	[dʒirim]

hipótese (f)	hipotesis	[hipotesis]
dilema (m)	dilema	[dilema]
tese (f)	tesis	[tesis]
dogma (m)	dogma	[dogma]

doutrina (f)	doktrin	[doktrin]
pesquisa (f)	penyelidikan	[pɛnjelidikan]
pesquisar (vt)	mengkaji	[mɛŋkadʒi]
testes (m pl)	pengujian	[pɛŋudʒian]
laboratório (m)	makmal	[makmal]

método (m)	kaedah	[kaedah]
molécula (f)	molekul	[molekul]
monitoramento (m)	pemonitoran	[pɛmonitoran]
descoberta (f)	penemuan	[pɛnɛmuan]

postulado (m)	postulat	[postulat]
princípio (m)	prinsip	[prinsip]
prognóstico (previsão)	ramalan	[ramalan]
prognosticar (vt)	meramalkan	[mɛramalkan]

síntese (f)	sintesis	[sintesis]
tendência (f)	tendensi	[tendɛnsi]
teorema (m)	teorem	[teorem]

ensinamentos (m pl)	pelajaran	[pɛladʒaran]
fato (m)	fakta	[fakta]
expedição (f)	ekspedisi	[ekspedisi]
experiência (f)	percubaan	[pɛrtʃubaan]

acadêmico (m)	ahli akademi	[ahli akademi]
bacharel (m)	sarjana muda	[sardʒana muda]
doutor (m)	doktor	[doktor]
professor (m) associado	Profesor Madya	[profesor madja]

| mestrado (m) | **Sarjana** | [sardʒana] |
| professor (m) | **profesor** | [profesor] |

Profissões e ocupações

85. Procura de emprego. Demissão

trabalho (m)	kerja, pekerjaan	[kɛrdʒa], [pɛkɛrdʒaan]
equipe (f)	kakitangan	[kakitaŋan]
carreira (f)	kerjaya	[kɛrdʒaja]
perspectivas (f pl)	perspektif	[pɛrspektif]
habilidades (f pl)	kemahiran	[kɛmahiran]
seleção (f)	pilihan	[pilihan]
agência (f) de emprego	agensi pekerjaan	[agensi pɛkɛrdʒaan]
currículo (m)	biodata	[biodata]
entrevista (f) de emprego	temuduga	[tɛmuduga]
vaga (f)	lowongan	[lovoŋan]
salário (m)	gaji, upah	[gadʒi], [upah]
salário (m) fixo	gaji	[gadʒi]
pagamento (m)	pembayaran	[pɛmbajaran]
cargo (m)	jawatan	[dʒavatan]
dever (do empregado)	tugas	[tugas]
gama (f) de deveres	bidang tugas	[bidaŋ tugas]
ocupado (adj)	sibuk	[sibuk]
despedir, demitir (vt)	memecat	[mɛmɛtʃat]
demissão (f)	pemecatan	[pɛmɛtʃatan]
desemprego (m)	pengangguran	[pɛŋaŋguran]
desempregado (m)	pengganggur	[pɛŋgaŋgur]
aposentadoria (f)	pencen	[pentʃen]
aposentar-se (vr)	bersara	[bɛrsara]

86. Gente de negócios

diretor (m)	pengarah	[pɛŋarah]
gerente (m)	pengurus	[pɛŋurus]
patrão, chefe (m)	bos	[bos]
superior (m)	kepala	[kɛpala]
superiores (m pl)	pihak atasan	[pihak atasan]
presidente (m)	presiden	[presiden]
chairman (m)	pengerusi	[pɛŋɛrusi]
substituto (m)	timbalan	[timbalan]
assistente (m)	pembantu	[pɛmbantu]
secretário (m)	setiausaha	[sɛtiausaha]

secretário (m) pessoal	setiausaha sulit	[sɛtiausaha sulit]
homem (m) de negócios	peniaga	[pɛniaga]
empreendedor (m)	pengusaha	[pɛŋusaha]
fundador (m)	pengasas	[pɛŋasas]
fundar (vt)	mengasaskan	[mɛŋasaskan]

principiador (m)	pengasas	[pɛŋasas]
parceiro, sócio (m)	rakan	[rakan]
acionista (m)	pemegang saham	[pɛmɛgaŋ saham]

milionário (m)	jutawan	[dʒutavan]
bilionário (m)	multijutawan	[multidʒutavan]
proprietário (m)	pemilik	[pɛmilik]
proprietário (m) de terras	tuan tanah	[tuan tanah]

cliente (m)	pelanggan	[pɛlaŋgan]
cliente (m) habitual	pelanggan tetap	[pɛlaŋgan tetap]
comprador (m)	pembeli	[pɛmbli]
visitante (m)	pelawat	[pɛlavat]

profissional (m)	profesional	[profesional]
perito (m)	pakar	[pakar]
especialista (m)	pakar	[pakar]

banqueiro (m)	pengurus bank	[pɛŋurus baŋk]
corretor (m)	broker	[brokɛr]

caixa (m, f)	juruwang, kasyier	[dʒuruvaŋ], [kaʃier]
contador (m)	akauntan	[akauntan]
guarda (m)	pengawal keselamatan	[pɛŋaval kɛsɛlamatan]

investidor (m)	pelabur	[pɛlabur]
devedor (m)	si berhutang	[si bɛrhutaŋ]
credor (m)	pemberi pinjaman	[pɛmbri pindʒaman]
mutuário (m)	peminjam	[pɛmindʒam]

importador (m)	pengimport	[pɛŋimport]
exportador (m)	pengeksport	[pɛŋeksport]

produtor (m)	pembuat	[pɛmbuat]
distribuidor (m)	pengedar	[pɛŋedar]
intermediário (m)	perantara	[pɛrantara]

consultor (m)	perunding	[pɛrundiŋ]
representante comercial	wakil	[vakil]
agente (m)	ejen	[edʒen]
agente (m) de seguros	ejen insurans	[edʒen insurans]

87. Profissões de serviços

cozinheiro (m)	tukang masak	[tukaŋ masak]
chefe (m) de cozinha	kepala tukang masak	[kɛpala tukaŋ masak]
padeiro (m)	pembakar roti	[pɛmbakar roti]
barman (m)	pelayan bar	[pɛlajan bar]

| garçom (m) | pelayan lelaki | [pɛlajan lɛlaki] |
| garçonete (f) | pelayan perempuan | [pɛlajan pɛrɛmpuan] |

advogado (m)	peguam	[pɛguam]
jurista (m)	peguam	[pɛguam]
notário (m)	notari awam	[notari avam]

eletricista (m)	juruelektrik	[dʒuruelektrik]
encanador (m)	tukang paip	[tukaŋ pajp]
carpinteiro (m)	tukang kayu	[tukaŋ kaju]

massagista (m)	tukang urut lelaki	[tukaŋ urut lɛlaki]
massagista (f)	tukang urut perempuan	[tukaŋ urut pɛrɛmpuan]
médico (m)	doktor	[doktor]

taxista (m)	pemandu teksi	[pɛmandu teksi]
condutor (automobilista)	pemandu	[pɛmandu]
entregador (m)	kurier	[kurir]

camareira (f)	pengemas rumah	[pɛŋɛmas rumah]
guarda (m)	pengawal keselamatan	[pɛŋaval kɛsɛlamatan]
aeromoça (f)	pramugari	[pramugari]

professor (m)	guru	[guru]
bibliotecário (m)	pustakawan	[pustakavan]
tradutor (m)	penterjemah	[pɛntɛrdʒɛmah]
intérprete (m)	penterjemah	[pɛntɛrdʒɛmah]
guia (m)	pemandu	[pɛmandu]

cabeleireiro (m)	tukang gunting rambut	[tukaŋ guntiŋ rambut]
carteiro (m)	posmen	[posmen]
vendedor (m)	jurujual	[dʒurudʒual]

jardineiro (m)	tukang kebun	[tukaŋ kɛbun]
criado (m)	pembantu rumah	[pɛmbantu rumah]
criada (f)	amah	[amah]
empregada (f) de limpeza	pembersih	[pɛmbɛrsih]

88. Profissões militares e postos

soldado (m) raso	prebet	[prebet]
sargento (m)	sarjan	[sardʒan]
tenente (m)	leftenan	[leftɛnan]
capitão (m)	kapten	[kaptɛn]

major (m)	mejar	[medʒar]
coronel (m)	kolonel	[kolonɛl]
general (m)	jeneral	[dʒɛnɛral]
marechal (m)	marsyal	[marʃal]
almirante (m)	laksamana	[laksamana]

militar (m)	anggota tentera	[aŋgota tɛntra]
soldado (m)	perajurit	[pradʒurit]
oficial (m)	pegawai	[pɛgavaj]

comandante (m)	pemerintah	[pɛmɛrintah]
guarda (m) de fronteira	pengawal sempadan	[pɛŋaval sɛmpadan]
operador (m) de rádio	pengendali radio	[pɛŋɛndali radio]
explorador (m)	pengintip	[pɛŋintip]
sapador-mineiro (m)	askar jurutera	[askar dʒurutra]
atirador (m)	penembak	[pɛnembak]
navegador (m)	pemandu	[pɛmandu]

89. Oficiais. Padres

rei (m)	raja	[radʒa]
rainha (f)	ratu	[ratu]
príncipe (m)	putera	[putra]
princesa (f)	puteri	[putri]
czar (m)	tsar, raja	[ʦar], [radʒa]
czarina (f)	tsarina, ratu	[ʦarina], [ratu]
presidente (m)	presiden	[presiden]
ministro (m)	menteri	[mɛntri]
primeiro-ministro (m)	perdana menteri	[perdana mɛntri]
senador (m)	senator	[senator]
diplomata (m)	diplomat	[diplomat]
cônsul (m)	konsul	[konsul]
embaixador (m)	duta besar	[duta bɛsar]
conselheiro (m)	penasihat	[pɛnasihat]
funcionário (m)	kakitangan	[kakitaŋan]
prefeito (m)	ketua prefekture	[kɛtua prefekturɛ]
Presidente (m) da Câmara	datuk bandar	[datuk bandar]
juiz (m)	hakim	[hakim]
procurador (m)	jaksa	[dʒaksa]
missionário (m)	mubaligh	[mubaliɣ]
monge (m)	biarawan	[biaravan]
abade (m)	kepala biara	[kɛpala biara]
rabino (m)	rabbi	[rabbi]
vizir (m)	wazir	[vazir]
xá (m)	syah	[ʃah]
xeique (m)	syeikh	[ʃəjh]

90. Profissões agrícolas

abelheiro (m)	pemelihara lebah	[pɛmɛlihara lɛbah]
pastor (m)	penggembala	[pɛŋgɛmbala]
agrônomo (m)	ahli agronomi	[ahli agronomi]
criador (m) de gado	penternak	[pɛntɛrnak]
veterinário (m)	pakar veterinar	[pakar vetɛrinar]

agricultor, fazendeiro (m)	peladang	[pɛladaŋ]
vinicultor (m)	pembuat wain	[pɛmbuat vajn]
zoólogo (m)	ahli zoologi	[ahli zoologi]
vaqueiro (m)	koboi	[koboj]

91. Profissões artísticas

| ator (m) | pelakon | [pɛlakon] |
| atriz (f) | aktres | [aktres] |

| cantor (m) | penyanyi lelaki | [pɛnjanji lɛlaki] |
| cantora (f) | penyanyi perempuan | [pɛnjanji pɛrɛmpuan] |

| bailarino (m) | penari lelaki | [pɛnari lɛlaki] |
| bailarina (f) | penari perempuan | [pɛnari pɛrɛmpuan] |

| artista (m) | artis | [artis] |
| artista (f) | aktres | [aktres] |

músico (m)	pemuzik	[pɛmuzik]
pianista (m)	pemain piano	[pɛmajn piano]
guitarrista (m)	pemain gitar	[pɛmajn gitar]

maestro (m)	konduktor	[konduktor]
compositor (m)	komposer	[kompoсɛr]
empresário (m)	impresario	[impresario]

diretor (m) de cinema	pengarah	[pɛŋarah]
produtor (m)	produser	[produсɛr]
roteirista (m)	penulis skrip	[pɛnulis skrip]
crítico (m)	pengkritik	[pɛŋkritik]

escritor (m)	penulis	[pɛnulis]
poeta (m)	penyair	[pɛnjair]
escultor (m)	pematung	[pɛmatuŋ]
pintor (m)	pelukis	[pɛlukis]

malabarista (m)	penjugel	[pɛndʒugɛl]
palhaço (m)	badut	[badut]
acrobata (m)	akrobat	[akrobat]
ilusionista (m)	ahli silap mata	[ahli silap mata]

92. Várias profissões

médico (m)	doktor	[doktor]
enfermeira (f)	jururawat	[dʒururavat]
psiquiatra (m)	doktor penyakit jiwa	[doktor pɛnjakit dʒiva]
dentista (m)	doktor gigi	[doktor gigi]
cirurgião (m)	doktor bedah	[doktor bɛdah]

| astronauta (m) | angkasawan | [aŋkasavan] |
| astrônomo (m) | ahli astronomi | [ahli astronomi] |

piloto (m)	juruterbang	[dʒurutɛrbaŋ]
motorista (m)	pemandu	[pɛmandu]
maquinista (m)	pemandu kereta api	[pɛmandu kreta api]
mecânico (m)	mekanik	[mekanik]

mineiro (m)	buruh lombong	[buruh lomboŋ]
operário (m)	buruh, pekerja	[buruh], [pɛkɛrdʒa]
serralheiro (m)	tukang logam	[tukaŋ logam]
marceneiro (m)	tukang tanggam	[tukaŋ taŋgam]
torneiro (m)	tukang pelarik	[tukaŋ pɛlarik]
construtor (m)	buruh binaan	[buruh binaan]
soldador (m)	jurukimpal	[dʒurukimpal]

professor (m)	profesor	[profesor]
arquiteto (m)	jurubina	[dʒurubina]
historiador (m)	sejarawan	[sɛdʒaravan]
cientista (m)	ilmuwan	[ilmuvan]
físico (m)	ahli fizik	[ahli fizik]
químico (m)	ahli kimia	[ahli kimia]

arqueólogo (m)	ahli arkeologi	[ahli arkeologi]
geólogo (m)	ahli geologi	[ahli geologi]
pesquisador (cientista)	penyelidik	[pɛnjelidik]

| babysitter, babá (f) | pengasuh kanak-kanak | [pɛŋasuh kanak kanak] |
| professor (m) | guru | [guru] |

redator (m)	editor	[editor]
redator-chefe (m)	ketua pengarang	[kɛtua pɛŋaraŋ]
correspondente (m)	pemberita	[pɛmbrita]
datilógrafa (f)	jurutaip	[dʒurutajp]

designer (m)	pereka bentuk	[pereka bɛntuk]
especialista (m) em informática	tukang komputer	[tukaŋ komputɛr]
programador (m)	juruprogram	[dʒuruprogram]
engenheiro (m)	jurutera	[dʒurutra]

marujo (m)	pelaut	[pɛlaut]
marinheiro (m)	kelasi	[kɛlasi]
socorrista (m)	penyelamat	[pɛnjelamat]

bombeiro (m)	anggota bomba	[aŋgota bomba]
polícia (m)	anggota polis	[aŋgota polis]
guarda-noturno (m)	warden	[vardɛn]
detetive (m)	mata-mata	[mata mata]

funcionário (m) da alfândega	anggota kastam	[aŋgota kastam]
guarda-costas (m)	pengawal peribadi	[pɛŋaval pribadi]
guarda (m) prisional	warden penjara	[vardɛn pɛndʒara]
inspetor (m)	inspektor	[inspektor]

esportista (m)	atlet, ahli sukan	[atlet], [ahli sukan]
treinador (m)	pelatih	[pɛlatih]
açougueiro (m)	tukang daging	[tukaŋ dagiŋ]
sapateiro (m)	tukang kasut	[tukaŋ kasut]

| comerciante (m) | pedagang | [pɛdagaŋ] |
| carregador (m) | pemuat | [pɛmuat] |

| estilista (m) | pereka fesyen | [pɛreka feʃɛn] |
| modelo (f) | peragawati | [pragavati] |

93. Ocupações. Estatuto social

| estudante (~ de escola) | budak sekolah | [budak sɛkolah] |
| estudante (~ universitária) | mahasiswa | [mahasisva] |

filósofo (m)	ahli falsafah	[ahli falsafah]
economista (m)	ahli ekonomi	[ahli ekonomi]
inventor (m)	penemu	[pɛnɛmu]

desempregado (m)	pengganggur	[pɛŋgaŋgur]
aposentado (m)	pesara	[pɛsara]
espião (m)	pengintip	[pɛŋintip]

preso, prisioneiro (m)	tahanan	[tahanan]
grevista (m)	pemogok	[pɛmogok]
burocrata (m)	birokrat	[birokrat]
viajante (m)	pengembara	[pɛŋɛmbara]

homossexual (m)	homoseksual	[homoseksual]
hacker (m)	penggodam	[pɛŋgodam]
hippie (m, f)	hipi	[hipi]

bandido (m)	samseng	[samseŋ]
assassino (m)	pembunuh upahan	[pɛmbunuh upahan]
drogado (m)	penagih dadah	[pɛnagih dadah]
traficante (m)	pengedar dadah	[pɛŋedar dadah]
prostituta (f)	pelacur	[pɛlatʃur]
cafetão (m)	bapa ayam	[bapa ajam]

bruxo (m)	ahli sihir lelaki	[ahli sihir lɛlaki]
bruxa (f)	ahli sihir perempuan	[ahli sihir pɛrɛmpuan]
pirata (m)	lanun	[lanun]
escravo (m)	hamba	[hamba]
samurai (m)	samurai	[samuraj]
selvagem (m)	orang yang tidak bertamadun	[oraŋ jaŋ tidak bɛrtamadun]

Educação

94. Escola

escola (f)	sekolah	[sɛkolah]
diretor (m) de escola	pengetua sekolah	[pɛŋetua sɛkolah]
aluno (m)	pelajar lelaki	[pɛladʒar lɛlaki]
aluna (f)	pelajar perempuan	[pɛladʒar pɛrɛmpuan]
estudante (m)	budak sekolah	[budak sɛkolah]
estudante (f)	budak perempuan sekolah	[budak pɛrɛmpuan sɛkolah]
ensinar (vt)	mengajar	[mɛŋadʒar]
aprender (vt)	belajar	[bɛladʒar]
decorar (vt)	menghafalkan	[mɛŋɣafalkan]
estudar (vi)	belajar	[bɛladʒar]
estar na escola	bersekolah	[bɛrsɛkolah]
ir à escola	pergi sekolah	[pɛrgi sɛkolah]
alfabeto (m)	abjad	[abdʒad]
disciplina (f)	mata pelajaran	[mata pɛladʒaran]
sala (f) de aula	bilik darjah	[bilik dardʒah]
lição, aula (f)	kelas	[klas]
recreio (m)	rehat	[rehat]
toque (m)	loceng	[lotʃeŋ]
classe (f)	bangku sekolah	[baŋku sɛkolah]
quadro (m) negro	papan hitam	[papan hitam]
nota (f)	markah	[markah]
boa nota (f)	markah baik	[markah baik]
nota (f) baixa	markah tidak lulus	[markah tidak lulus]
dar uma nota	memberi markah	[mɛmbri markah]
erro (m)	kesalahan	[kɛsalahan]
errar (vi)	membuat kesalahan	[mɛmbuat kɛsalahan]
corrigir (~ um erro)	memperbaiki	[mɛmpɛrbaiki]
cola (f)	toyol	[tojol]
dever (m) de casa	tugasan rumah	[tugasan rumah]
exercício (m)	latihan	[latihan]
estar presente	hadir	[hadir]
estar ausente	tidak hadir	[tidak hadir]
faltar às aulas	ponteng	[pontɛŋ]
punir (vt)	menghukum	[mɛŋɣukum]
punição (f)	hukuman	[hukuman]
comportamento (m)	tingkah laku	[tiŋkah laku]

boletim (m) escolar	buku laporan	[buku laporan]
lápis (m)	pensel	[pensel]
borracha (f)	getah pemadam	[gɛtah pɛmadam]
giz (m)	kapur	[kapur]
porta-lápis (m)	kotak pensel	[kotak pensel]

mala, pasta, mochila (f)	beg sekolah	[beg sɛkolah]
caneta (f)	pen	[pen]
caderno (m)	buku latihan	[buku latihan]
livro (m) didático	buku teks	[buku teks]
compasso (m)	jangka lukis	[dʒaŋka lukis]

| traçar (vt) | melukis | [mɛlukis] |
| desenho (m) técnico | rajah | [radʒah] |

poesia (f)	puisi, sajak	[puisi], [sadʒak]
de cor	hafal	[hafal]
decorar (vt)	menghafalkan	[mɛŋɣafalkan]

férias (f pl)	cuti	[ʧuti]
estar de férias	bercuti	[bɛrʧuti]
passar as férias	menghabiskan cuti	[mɛŋɣabiskan ʧuti]

teste (m), prova (f)	tes	[tes]
redação (f)	karangan	[karaŋan]
ditado (m)	imla	[imla]
exame (m), prova (f)	peperiksaan	[pɛpɛriksaan]
fazer prova	menduduki peperiksaan	[mɛnduduki pɛpɛriksaan]
experiência (~ química)	uji cuba	[udʒi ʧuba]

95. Colégio. Universidade

academia (f)	akademi	[akadɛmi]
universidade (f)	universiti	[univɛrsiti]
faculdade (f)	fakulti	[fakulti]

estudante (m)	mahasiswa	[mahasisva]
estudante (f)	mahasiswi	[mahasisvi]
professor (m)	pensyarah	[pɛnɕarah]

| auditório (m) | ruang darjah | [ruaŋ dardʒah] |
| graduado (m) | tamatan | [tamatan] |

| diploma (m) | ijazah | [idʒazah] |
| tese (f) | tesis | [tesis] |

| estudo (obra) | kajian | [kadʒian] |
| laboratório (m) | makmal | [makmal] |

| palestra (f) | syarahan, kuliah | [ɕarahan], [kulijah] |
| colega (m) de curso | teman sedarjah | [tɛman sɛdardʒah] |

| bolsa (f) de estudos | biasiswa | [biasisva] |
| grau (m) acadêmico | ijazah | [idʒazah] |

96. Ciências. Disciplinas

matemática (f)	matematik	[matɛmatik]
álgebra (f)	algebra	[algebra]
geometria (f)	geometri	[geometri]
astronomia (f)	astronomi	[astronomi]
biologia (f)	biologi	[biologi]
geografia (f)	geografi	[geografi]
geologia (f)	geologi	[geologi]
história (f)	sejarah	[sɛdʒarah]
medicina (f)	perubatan	[pɛrubatan]
pedagogia (f)	pedagogi	[pedagogi]
direito (m)	hukum	[hukum]
física (f)	fizik	[fizik]
química (f)	kimia	[kimia]
filosofia (f)	falsafah	[falsafah]
psicologia (f)	psikologi	[psikologi]

97. Sistema de escrita. Ortografia

gramática (f)	nahu	[nahu]
vocabulário (m)	kosa kata	[kosa kata]
fonética (f)	fonetik	[fonetik]
substantivo (m)	kata nama	[kata nama]
adjetivo (m)	kata sifat	[kata sifat]
verbo (m)	kata kerja	[kata kɛrdʒa]
advérbio (m)	adverba	[advɛrba]
pronome (m)	ganti nama	[ganti nama]
interjeição (f)	kata seru	[kata sɛru]
preposição (f)	kata depan	[kata dɛpan]
raiz (f)	kata akar	[kata akar]
terminação (f)	akhiran	[aχiran]
prefixo (m)	awalan	[avalan]
sílaba (f)	sukukata	[sukukata]
sufixo (m)	akhiran	[aχiran]
acento (m)	tanda tekanan	[tanda tɛkanan]
apóstrofo (f)	koma atas	[koma atas]
ponto (m)	titik	[titik]
vírgula (f)	koma	[koma]
ponto e vírgula (m)	koma bertitik	[koma bɛrtitik]
dois pontos (m pl)	tanda titik bertindih	[tanda titik bɛrtindih]
reticências (f pl)	tanda elipsis	[tanda elipsis]
ponto (m) de interrogação	tanda tanya	[tanda tanja]
ponto (m) de exclamação	tanda seru	[tanda sɛru]

aspas (f pl)	tanda petik	[tanda pɛtik]
entre aspas	dalam tanda petik	[dalam tanda pɛtik]
parênteses (m pl)	tanda kurung	[tanda kuruŋ]
entre parênteses	dalam kurungan	[dalam kuruŋan]
hífen (m)	tanda pisah	[tanda pisah]
travessão (m)	tanda sempang	[tanda sɛmpaŋ]
espaço (m)	jarak	[dʒarak]
letra (f)	huruf	[huruf]
letra (f) maiúscula	huruf besar	[huruf bɛsar]
vogal (f)	huruf hidup	[huruf hidup]
consoante (f)	konsonan	[konsonan]
frase (f)	ayat, kalimat	[ajat], [kalimat]
sujeito (m)	subjek	[subdʒek]
predicado (m)	predikat	[predikat]
linha (f)	baris	[baris]
em uma nova linha	di baris baru	[di baris baru]
parágrafo (m)	perenggan	[pɛrɛŋgan]
palavra (f)	perkataan	[pɛrkataan]
grupo (m) de palavras	rangkaian kata	[raŋkajan kata]
expressão (f)	ungkapan	[uŋkapan]
sinônimo (m)	kata seerti	[kata sɛɛrti]
antônimo (m)	antonim	[antonim]
regra (f)	peraturan	[pɛraturan]
exceção (f)	pengecualian	[pɛŋɛtʃualian]
correto (adj)	betul	[bɛtul]
conjugação (f)	konjugasi	[kondʒugasi]
declinação (f)	deklinasi	[deklinasi]
caso (m)	kasus	[kasus]
pergunta (f)	soalan	[soalan]
sublinhar (vt)	menegaskan	[mɛnɛgaskan]
linha (f) pontilhada	garis titik-titik	[garis titik titik]

98. Línguas estrangeiras

língua (f)	bahasa	[bahasa]
estrangeiro (adj)	asing	[asiŋ]
língua (f) estrangeira	bahasa asing	[bahasa asiŋ]
estudar (vt)	mempelajari	[mɛmpɛladʒari]
aprender (vt)	belajar	[bɛladʒar]
ler (vt)	membaca	[mɛmbatʃa]
falar (vi)	bercakap	[bɛrtʃakap]
entender (vt)	memahami	[mɛmahami]
escrever (vt)	menulis	[mɛnulis]
rapidamente	fasih	[fasih]
devagar, lentamente	perlahan-lahan	[pɛrlahan lahan]

fluentemente	fasih	[fasih]
regras (f pl)	peraturan	[pɛraturan]
gramática (f)	nahu	[nahu]
vocabulário (m)	kosa kata	[kosa kata]
fonética (f)	fonetik	[fonetik]

livro (m) didático	buku teks	[buku teks]
dicionário (m)	kamus	[kamus]
manual (m) autodidático	buku teks pembelajaran kendiri	[buku teks pɛmbɛladʒaran kɛndiri]
guia (m) de conversação	buku ungkapan	[buku uŋkapan]

fita (f) cassete	kaset	[kaset]
videoteipe (m)	kaset video	[kaset video]
CD (m)	cakera padat	[tʃakra padat]
DVD (m)	cakera DVD	[tʃakra dividi]

alfabeto (m)	abjad	[abdʒad]
soletrar (vt)	mengeja	[mɛŋedʒa]
pronúncia (f)	sebutan	[sɛbutan]

sotaque (m)	aksen	[aksen]
com sotaque	dengan pelat	[dɛŋan pelat]
sem sotaque	tanpa pelat	[tanpa pelat]

| palavra (f) | perkataan | [pɛrkataan] |
| sentido (m) | erti | [ɛrti] |

curso (m)	kursus	[kursus]
inscrever-se (vr)	berdaftar	[bɛrdaftar]
professor (m)	pensyarah	[pɛnçarah]

tradução (processo)	penterjemahan	[pɛntɛrdʒemahan]
tradução (texto)	terjemahan	[tɛrdʒemahan]
tradutor (m)	penterjemah	[pɛntɛrdʒemah]
intérprete (m)	penterjemah	[pɛntɛrdʒemah]

| poliglota (m) | penutur pelbagai bahasa | [pɛnutur pɛlbagaj bahasa] |
| memória (f) | ingatan | [iŋatan] |

Descanso. Entretenimento. Viagens

99. Viagens

turismo (m)	pelancongan	[pɛlantʃoŋan]
turista (m)	pelancong	[pɛlantʃoŋ]
viagem (f)	pengembaraan	[pɛŋɛmbaraan]
aventura (f)	petualangan	[pɛtualaŋan]
percurso (curta viagem)	lawatan	[lavatan]
férias (f pl)	cuti	[tʃuti]
estar de férias	bercuti	[bɛrtʃuti]
descanso (m)	rehat	[rehat]
trem (m)	kereta api	[kreta api]
de trem (chegar ~)	naik kereta api	[naik kreta api]
avião (m)	kapal terbang	[kapal tɛrbaŋ]
de avião	naik kapal terbang	[naik kapal tɛrbaŋ]
de carro	naik kereta	[naik kreta]
de navio	naik kapal	[naik kapal]
bagagem (f)	bagasi	[bagasi]
mala (f)	beg pakaian	[beg pakajan]
carrinho (m)	troli bagasi	[troli bagasi]
passaporte (m)	pasport	[pasport]
visto (m)	visa	[visa]
passagem (f)	tiket	[tiket]
passagem (f) aérea	tiket kapal terbang	[tiket kapal tɛrbaŋ]
guia (m) de viagem	buku panduan pelancongan	[buku panduan pɛlantʃoŋan]
mapa (m)	peta	[pɛta]
área (f)	kawasan	[kavasan]
lugar (m)	tempat duduk	[tɛmpat duduk]
exotismo (m)	keeksotikan	[kɛeksotikan]
exótico (adj)	eksotik	[eksotik]
surpreendente (adj)	menakjubkan	[mɛnakdʒubkan]
grupo (m)	kumpulan	[kumpulan]
excursão (f)	darmawisata	[darmavisata]
guia (m)	pemandu pelancong	[pɛmandu pɛlantʃoŋ]

100. Hotel

hotel (m)	hotel	[hotel]
motel (m)	motel	[motel]

três estrelas	**tiga bintang**	[tiga bintaŋ]
cinco estrelas	**lima bintang**	[lima bintaŋ]
ficar (vi, vt)	**menumpang**	[mɛnumpaŋ]
quarto (m)	**bilik**	[bilik]
quarto (m) individual	**bilik untuk satu orang**	[bilik untuk satu oraŋ]
quarto (m) duplo	**bilik kelamin**	[bilik kɛlamin]
reservar um quarto	**menempah bilik**	[mɛnempah bilik]
meia pensão (f)	**penginapan tanpa makanan**	[pɛŋinapan tanpa makanan]
pensão (f) completa	**penginapan dengan makanan**	[pɛŋinapan dɛŋan makanan]
com banheira	**dengan tab mandi**	[dɛŋan tab mandi]
com chuveiro	**dengan pancaran air**	[dɛŋan pantʃaran air]
televisão (m) por satélite	**televisyen satelit**	[televiʃɛn satɛlit]
ar (m) condicionado	**penghawa dingin**	[pɛŋɣava diŋin]
toalha (f)	**tuala**	[tuala]
chave (f)	**kunci**	[kuntʃi]
administrador (m)	**pentadbir**	[pɛntadbir]
camareira (f)	**pengemas rumah**	[pɛŋɛmas rumah]
bagageiro (m)	**porter**	[portɛr]
porteiro (m)	**penjaga pintu**	[pɛndʒaga pintu]
restaurante (m)	**restoran**	[restoran]
bar (m)	**bar**	[bar]
café (m) da manhã	**makan pagi**	[makan pagi]
jantar (m)	**makan malam**	[makan malam]
bufê (m)	**jamuan berselerak**	[dʒamuan bɛrsɛlerak]
saguão (m)	**ruang legar**	[ruaŋ legar]
elevador (m)	**lif**	[lif]
NÃO PERTURBE	**JANGAN MENGGANGGU**	[dʒaŋan mɛŋgaŋgu]
PROIBIDO FUMAR!	**DILARANG MEROKOK!**	[dilaraŋ mɛrokok]

EQUIPAMENTO TÉCNICO. TRANSPORTES

Equipamento técnico. Transportes

101. Computador

computador (m)	komputer	[komputɛr]
computador (m) portátil	komputer riba	[komputɛr riba]
ligar (vt)	menghidupkan	[mɛŋyidupkan]
desligar (vt)	mematikan	[mɛmatikan]
teclado (m)	papan kekunci	[papan kɛkuntʃi]
tecla (f)	kekunci	[kɛkuntʃi]
mouse (m)	tetikus	[tɛtikus]
tapete (m) para mouse	alas tetikus	[alas tɛtikus]
botão (m)	tombol	[tombol]
cursor (m)	kursor	[kursor]
monitor (m)	monitor	[monitor]
tela (f)	layar perak	[lajar perak]
disco (m) rígido	cakera keras	[tʃakra kras]
capacidade (f) do disco rígido	kapasiti storan cakera keras	[kapasiti storan tʃakra kras]
memória (f)	ingatan, memori	[iŋatan], [memori]
memória RAM (f)	ingatan capaian rawak	[iŋatan tʃapajan ravak]
arquivo (m)	fail	[fajl]
pasta (f)	folder	[foldɛr]
abrir (vt)	membuka	[mɛmbuka]
fechar (vt)	menutup	[mɛnutup]
salvar (vt)	simpan	[simpan]
deletar (vt)	hapus	[hapus]
copiar (vt)	menyalin	[mɛnjalin]
ordenar (vt)	mangasih	[maŋasih]
copiar (vt)	menyalin	[mɛnjalin]
programa (m)	aplikasi	[aplikasi]
software (m)	perisian	[pɛrisian]
programador (m)	juruprogram	[dʒuruprogram]
programar (vt)	memprogram	[mɛmprogram]
hacker (m)	penggodam	[pɛŋgodam]
senha (f)	kata laluan	[kata laluan]
vírus (m)	virus	[virus]
detectar (vt)	menemui	[mɛnɛmui]

byte (m)	bait	[bajt]
megabyte (m)	megabait	[megabajt]

dados (m pl)	data	[data]
base (f) de dados	pangkalan data	[paŋkalan data]

cabo (m)	kabel	[kabɛl]
desconectar (vt)	mencabut palam	[mɛntʃabut palam]
conectar (vt)	menyambung	[mɛnjambuŋ]

102. Internet. E-mail

internet (f)	Internet	[intɛrnet]
browser (m)	browser	[brausur]
motor (m) de busca	enjin carian	[endʒin tʃarian]
provedor (m)	penyedia perkhidmatan	[pɛnjedia pɛrχidmatan]

webmaster (m)	webmaster	[vebmaster]
website (m)	laman sesawang	[laman sɛsavaŋ]
web page (f)	laman sesawang	[laman sɛsavaŋ]

endereço (m)	alamat	[alamat]
livro (m) de endereços	buku alamat	[buku alamat]

caixa (f) de correio	peti surat	[pɛti surat]
correio (m)	mel	[mel]
cheia (caixa de correio)	penuh	[pɛnuh]

mensagem (f)	pesanan	[pɛsanan]
mensagens (f pl) recebidas	mesej masuk	[mesedʒ masuk]
mensagens (f pl) enviadas	mesej keluar	[mesedʒ kɛluar]

remetente (m)	pengirim	[pɛŋirim]
enviar (vt)	mengirim	[mɛŋirim]
envio (m)	pengiriman	[pɛŋiriman]

destinatário (m)	penerima	[pɛnɛrima]
receber (vt)	menerima	[mɛnɛrima]

correspondência (f)	surat-menyurat	[surat mɛnjurat]
corresponder-se (vr)	surat-menyurat	[surat mɛnjurat]

arquivo (m)	fail	[fajl]
fazer download, baixar (vt)	muat turun	[muat turun]
criar (vt)	menciptakan	[mɛntʃiptakan]
deletar (vt)	hapus	[hapus]
deletado (adj)	dihapus	[dihapus]

conexão (f)	perhubungan	[pɛrhubuŋan]
velocidade (f)	kecepatan	[kɛtʃɛpatan]
modem (m)	modem	[modem]
acesso (m)	akses	[akses]
porta (f)	port	[port]
conexão (f)	sambungan	[sambuŋan]

conectar (vi)	menyambung	[mɛnjambuŋ]
escolher (vt)	memilih	[mɛmilih]
buscar (vt)	mencari	[mɛntʃari]

103. Eletricidade

eletricidade (f)	tenaga elektrik	[tɛnaga elektrik]
elétrico (adj)	elektrik	[elektrik]
planta (f) elétrica	loji jana kuasa	[lodʒi dʒana kuasa]
energia (f)	tenaga	[tɛnaga]
energia (f) elétrica	tenaga elektrik	[tɛnaga elektrik]

lâmpada (f)	bal lampu	[bal lampu]
lanterna (f)	lampu denyar	[lampu dɛnjar]
poste (m) de iluminação	lampu jalan	[lampu dʒalan]

luz (f)	lampu	[lampu]
ligar (vt)	menghidupkan	[mɛŋɣidupkan]
desligar (vt)	mematikan	[mɛmatikan]
apagar a luz	mematikan lampu	[mɛmatikan lampu]

queimar (vi)	hangus	[haŋus]
curto-circuito (m)	litar pintas	[litar pintas]
ruptura (f)	putus	[putus]
contato (m)	kontak	[kontak]

interruptor (m)	suis	[suis]
tomada (de parede)	soket	[soket]
plugue (m)	palam	[palam]
extensão (f)	perentas pemanjangan	[pɛrɛntas pɛmandʒaŋan]

fusível (m)	fius	[fius]
fio, cabo (m)	kawat, wayar	[kavat], [vajar]
instalação (f) elétrica	pemasangan wayar	[pɛmasaŋan vajar]

ampère (m)	ampere	[ampɛrɛ]
amperagem (f)	kekuatan arus elektrik	[kɛkuatan arus elektrik]
volt (m)	volt	[volt]
voltagem (f)	voltan	[voltan]

| aparelho (m) elétrico | alat elektrik | [alat ɛlektrik] |
| indicador (m) | penunjuk | [pɛnundʒuk] |

eletricista (m)	juruelektrik	[dʒuruelektrik]
soldar (vt)	memateri	[mɛmatɛri]
soldador (m)	besi pematerian	[bɛsi pɛmatɛrian]
corrente (f) elétrica	karan	[karan]

104. Ferramentas

| ferramenta (f) | alat | [alat] |
| ferramentas (f pl) | alat-alat | [alat alat] |

equipamento (m)	perlengkapan	[pɛrlɛŋkapan]
martelo (m)	tukul	[tukul]
chave (f) de fenda	pemutar skru	[pɛmutar skru]
machado (m)	kapak	[kapak]
serra (f)	gergaji	[gergadʒi]
serrar (vt)	menggergaji	[mɛŋgɛrgadʒi]
plaina (f)	ketam	[kɛtam]
aplainar (vt)	mengetam	[mɛŋɛtam]
soldador (m)	besi pematerian	[bɛsi pɛmatɛrian]
soldar (vt)	memateri	[mɛmatɛri]
lima (f)	kikir	[kikir]
tenaz (f)	kakatua	[kakatua]
alicate (m)	playar	[plajar]
formão (m)	pahat kayu	[pahat kaju]
broca (f)	mata gerudi	[mata gɛrudi]
furadeira (f) elétrica	gerudi	[gɛrudi]
furar (vt)	menggerudi	[mɛŋgɛrudi]
faca (f)	pisau	[pisau]
lâmina (f)	mata	[mata]
afiado (adj)	tajam	[tadʒam]
cego (adj)	tumpul	[tumpul]
embotar-se (vr)	menjadi tumpul	[mɛndʒadi tumpul]
afiar, amolar (vt)	mengasah	[mɛŋasah]
parafuso (m)	bolt	[bolt]
porca (f)	nat	[nat]
rosca (f)	benang	[bɛnaŋ]
parafuso (para madeira)	skru	[skru]
prego (m)	paku	[paku]
cabeça (f) do prego	payung	[pajuŋ]
régua (f)	kayu pembaris	[kaju pɛmbaris]
fita (f) métrica	pita ukur	[pita ukur]
nível (m)	timbang air	[timbaŋ air]
lupa (f)	kanta pembesar	[kanta pɛmbɛsar]
medidor (m)	alat pengukur	[alat pɛŋukur]
medir (vt)	mengukur	[mɛŋukur]
escala (f)	skala	[skala]
indicação (f), registro (m)	bacaan	[batʃaan]
compressor (m)	pemampat	[pɛmampat]
microscópio (m)	mikroskop	[mikroskop]
bomba (f)	pam	[pam]
robô (m)	robot	[robot]
laser (m)	laser	[lasɛr]
chave (f) de boca	sepana	[sɛpana]
fita (f) adesiva	pita pelekat	[pita pɛlɛkat]

cola (f)	perekat	[pɛrɛkat]
lixa (f)	kertas las	[kɛrtas las]
mola (f)	spring, pegas	[spriŋ], [pɛgas]
ímã (m)	magnet	[magnet]
luva (f)	sarung tangan	[saruŋ taŋan]

corda (f)	tali	[tali]
cabo (~ de nylon, etc.)	tali	[tali]
fio (m)	wayar	[vajar]
cabo (~ elétrico)	kabel	[kabɛl]

marreta (f)	tukul besi	[tukul bɛsi]
pé de cabra (m)	pengumpil	[pɛŋumpil]
escada (f) de mão	tangga	[taŋga]
escada (m)	tangga tapak	[taŋga tapak]

enroscar (vt)	mengetatkan	[mɛŋɛtatkan]
desenroscar (vt)	memutar-buka	[mɛmutar buka]
apertar (vt)	mengepit	[mɛŋɛpit]
colar (vt)	melekatkan	[mɛlɛkatkan]
cortar (vt)	memotong	[mɛmotoŋ]

falha (f)	kerosakan	[kɛrosakan]
conserto (m)	pembaikan	[pɛmbaikan]
consertar, reparar (vt)	membaiki	[mɛmbaiki]
regular, ajustar (vt)	melaraskan	[mɛlaraskan]

verificar (vt)	memeriksa	[mɛmɛriksa]
verificação (f)	pemeriksaan	[pɛmɛriksaan]
indicação (f), registro (m)	bacaan	[batʃaan]

| seguro (adj) | boleh diharap | [bole diharap] |
| complicado (adj) | rumit | [rumit] |

enferrujar (vi)	berkarat	[bɛrkarat]
enferrujado (adj)	berkarat	[bɛrkarat]
ferrugem (f)	karat	[karat]

Transportes

105. Avião

avião (m)	kapal terbang	[kapal tɛrbaŋ]
passagem (f) aérea	tiket kapal terbang	[tiket kapal tɛrbaŋ]
companhia (f) aérea	syarikat penerbangan	[çarikat pɛnɛrbaŋan]
aeroporto (m)	lapangan terbang	[lapaŋan tɛrbaŋ]
supersônico (adj)	supersonik	[supersonik]
comandante (m) do avião	kapten kapal	[kaptɛn kapal]
tripulação (f)	anak buah	[anak buah]
piloto (m)	juruterbang	[dʒurutɛrbaŋ]
aeromoça (f)	pramugari	[pramugari]
copiloto (m)	pemandu	[pɛmandu]
asas (f pl)	sayap	[sajap]
cauda (f)	ekor	[ekor]
cabine (f)	kokpit	[kokpit]
motor (m)	enjin	[endʒin]
trem (m) de pouso	roda pendarat	[roda pɛndarat]
turbina (f)	turbin	[turbin]
hélice (f)	baling-baling	[baliŋ baliŋ]
caixa-preta (f)	kotak hitam	[kotak hitam]
coluna (f) de controle	kemudi	[kɛmudi]
combustível (m)	bahan bakar	[bahan bakar]
instruções (f pl) de segurança	kad keselamatan	[kad kɛsɛlamatan]
máscara (f) de oxigênio	topeng oksigen	[topeŋ oksigɛn]
uniforme (m)	pakaian seragam	[pakajan sɛragam]
colete (m) salva-vidas	jaket keselamatan	[dʒaket kɛsɛlamatan]
paraquedas (m)	payung terjun	[pajuŋ tɛrdʒun]
decolagem (f)	berlepas	[bɛrlɛpas]
descolar (vi)	berlepas	[bɛrlɛpas]
pista (f) de decolagem	landasan berlepas	[landasan bɛrlɛpas]
visibilidade (f)	darjah penglihatan	[dardʒah pɛŋlihatan]
voo (m)	penerbangan	[pɛnɛrbaŋan]
altura (f)	ketinggian	[kɛtiŋgian]
poço (m) de ar	lubang udara	[lubaŋ udara]
assento (m)	tempat duduk	[tɛmpat duduk]
fone (m) de ouvido	pendengar telinga	[pɛndɛŋar tɛliŋa]
mesa (f) retrátil	meja lipat	[medʒa lipat]
janela (f)	tingkap kapal terbang	[tiŋkap kapal tɛrbaŋ]
corredor (m)	laluan	[laluan]

106. Comboio

trem (m)	kereta api	[kreta api]
trem (m) elétrico	tren elektrik	[tren elektrik]
trem (m)	kereta api cepat	[kreta api ʧɛpat]
locomotiva (f) diesel	lokomotif	[lokomotif]
locomotiva (f) a vapor	kereta api	[kreta api]
vagão (f) de passageiros	gerabak penumpang	[gɛrabak pɛnumpaŋ]
vagão-restaurante (m)	gerabak makan minum	[gɛrabak makan minum]
carris (m pl)	rel	[rel]
estrada (f) de ferro	jalan kereta api	[dʒalan kreta api]
travessa (f)	kayu landas	[kaju landas]
plataforma (f)	platform	[platform]
linha (f)	trek landasan	[trek landasan]
semáforo (m)	lampu isyarat	[lampu iɕarat]
estação (f)	stesen	[stesen]
maquinista (m)	pemandu kereta api	[pɛmandu kreta api]
bagageiro (m)	porter	[portɛr]
hospedeiro, -a (m, f)	konduktor kereta api	[konduktor kreta api]
passageiro (m)	penumpang	[pɛnumpaŋ]
revisor (m)	konduktor	[konduktor]
corredor (m)	koridor	[koridor]
freio (m) de emergência	brek kecemasan	[brek kɛʧɛmasan]
compartimento (m)	petak gerabak	[petak gɛrabak]
cama (f)	bangku	[baŋku]
cama (f) de cima	bangku atas	[baŋku atas]
cama (f) de baixo	bangku bawah	[baŋku bavah]
roupa (f) de cama	linen	[linen]
passagem (f)	tiket	[tiket]
horário (m)	jadual waktu	[dʒadual vaktu]
painel (m) de informação	paparan jadual	[paparan dʒadual]
partir (vt)	berlepas	[bɛrlɛpas]
partida (f)	perlepasan	[pɛrlɛpasan]
chegar (vi)	tiba	[tiba]
chegada (f)	ketibaan	[kɛtibaan]
chegar de trem	datang naik kereta api	[dataŋ naik kreta api]
pegar o trem	naik kereta api	[naik kreta api]
descer de trem	turun kereta api	[turun kreta api]
acidente (m) ferroviário	kemalangan	[kɛmalaŋan]
descarrilar (vi)	keluar rel	[kɛluar rel]
locomotiva (f) a vapor	kereta api	[kreta api]
foguista (m)	tukang api	[tukaŋ api]
fornalha (f)	tungku	[tuŋku]
carvão (m)	arang	[araŋ]

107. Barco

navio (m)	kapal	[kapal]
embarcação (f)	kapal	[kapal]
barco (m) a vapor	kapal api	[kapal api]
barco (m) fluvial	kapal	[kapal]
transatlântico (m)	kapal laut	[kapal laut]
cruzeiro (m)	kapal penjelajah	[kapal pɛndʒɛladʒah]
iate (m)	kapal persiaran	[kapal pɛrsiaran]
rebocador (m)	kapal tunda	[kapal tunda]
barcaça (f)	tongkang	[toŋkaŋ]
ferry (m)	feri	[feri]
veleiro (m)	kapal layar	[kapal lajar]
bergantim (m)	kapal brigantine	[kapal brigantinɛ]
quebra-gelo (m)	kapal pemecah ais	[kapal pɛmɛtʃah ajs]
submarino (m)	kapal selam	[kapal sɛlam]
bote, barco (m)	perahu	[prahu]
baleeira (bote salva-vidas)	sekoci	[sɛkotʃi]
bote (m) salva-vidas	sekoci penyelamat	[sɛkotʃi pɛnjelamat]
lancha (f)	motobot	[motobot]
capitão (m)	kapten	[kaptɛn]
marinheiro (m)	kelasi	[kɛlasi]
marujo (m)	pelaut	[pɛlaut]
tripulação (f)	anak buah	[anak buah]
contramestre (m)	nakhoda	[naχoda]
grumete (m)	kadet kapal	[kadet kapal]
cozinheiro (m) de bordo	tukang masak	[tukaŋ masak]
médico (m) de bordo	doktor kapal	[doktor kapal]
convés (m)	dek	[dek]
mastro (m)	tiang	[tiaŋ]
vela (f)	layar	[lajar]
porão (m)	palka	[palka]
proa (f)	haluan	[haluan]
popa (f)	buritan	[buritan]
remo (m)	kayuh	[kajuh]
hélice (f)	baling-baling	[baliŋ baliŋ]
cabine (m)	kabin, bilik	[kabin], [bilik]
sala (f) dos oficiais	bilik pegawai kapal	[bilik pɛgavaj kapal]
sala (f) das máquinas	bilik enjin	[bilik endʒin]
ponte (m) de comando	anjungan kapal	[andʒuŋan kapal]
sala (f) de comunicações	bilik siaran radio	[bilik siaran radio]
onda (f)	gelombang	[gɛlombaŋ]
diário (m) de bordo	buku log	[buku log]
luneta (f)	teropong kecil	[tɛropoŋ kɛtʃil]
sino (m)	loceng	[lotʃeŋ]

Português	Malaio	Pronúncia
bandeira (f)	bendera	[bɛndera]
cabo (m)	tali	[tali]
nó (m)	simpul	[simpul]
corrimão (m)	susur tangan	[susur taŋan]
prancha (f) de embarque	tangga kapal	[taŋga kapal]
âncora (f)	sauh	[sauh]
recolher a âncora	mengangkat sauh	[mɛŋaŋkat sauh]
jogar a âncora	berlabuh	[bɛrlabuh]
amarra (corrente de âncora)	rantai sauh	[rantaj sauh]
porto (m)	pelabuhan	[pɛlabuhan]
cais, amarradouro (m)	jeti	[ʤeti]
atracar (vi)	merapat	[mɛrapat]
desatracar (vi)	berlepas	[bɛrlɛpas]
viagem (f)	pengembaraan	[pɛŋɛmbaraan]
cruzeiro (m)	pelayaran pesiaran	[pɛlajaran pɛsiaran]
rumo (m)	haluan	[haluan]
itinerário (m)	laluan	[laluan]
canal (m) de navegação	aluran pelayaran	[aluran pɛlajaran]
banco (m) de areia	beting	[bɛtiŋ]
encalhar (vt)	karam	[karam]
tempestade (f)	badai	[badaj]
sinal (m)	peluit	[pɛluit]
afundar-se (vr)	tenggelam	[tɛŋgɛlam]
Homem ao mar!	Orang jatuh ke laut!	[oraŋ ʤatuh kɛ laut]
SOS	SOS	[sos]
boia (f) salva-vidas	pelambung keselamatan	[pɛlambuŋ kɛsɛlamatan]

108. Aeroporto

Português	Malaio	Pronúncia
aeroporto (m)	lapangan terbang	[lapaŋan tɛrbaŋ]
avião (m)	kapal terbang	[kapal tɛrbaŋ]
companhia (f) aérea	syarikat penerbangan	[ɕarikat pɛnɛrbaŋan]
controlador (m) de tráfego aéreo	pengawal lalu lintas udara	[pɛŋaval lalu lintas udara]
partida (f)	berlepas	[bɛrlɛpas]
chegada (f)	ketibaan	[kɛtibaan]
chegar (vi)	tiba	[tiba]
hora (f) de partida	waktu berlepas	[vaktu bɛrlɛpas]
hora (f) de chegada	waktu ketibaan	[vaktu kɛtibaan]
estar atrasado	terlewat	[tɛrlevat]
atraso (m) de voo	kelewatan penerbangan	[kelevatan pɛnɛrbaŋan]
painel (m) de informação	skrin paparan maklumat	[skrin paparan maklumat]
informação (f)	maklumat	[maklumat]
anunciar (vt)	mengumumkan	[mɛŋumumkan]

voo (m)	penerbangan	[pɛnɛrbaŋan]
alfândega (f)	kastam	[kastam]
funcionário (m) da alfândega	anggota kastam	[aŋgota kastam]
declaração (f) alfandegária	ikrar kastam	[ikrar kastam]
preencher (vt)	mengisi	[mɛŋisi]
preencher a declaração	mengisi ikrar kastam	[mɛŋisi ikrar kastam]
controle (m) de passaporte	pemeriksaan pasport	[pɛmɛriksaan pasport]
bagagem (f)	bagasi	[bagasi]
bagagem (f) de mão	bagasi tangan	[bagasi taŋan]
carrinho (m)	troli	[troli]
pouso (m)	pendaratan	[pɛndaratan]
pista (f) de pouso	jalur mendarat	[dʒalur mɛndarat]
aterrissar (vi)	mendarat	[mɛndarat]
escada (f) de avião	tangga kapal terbang	[taŋga kapal tɛrbaŋ]
check-in (m)	pendaftaran	[pɛndaftaran]
balcão (m) do check-in	kaunter daftar masuk	[kauntɛr daftar masuk]
fazer o check-in	berdaftar	[bɛrdaftar]
cartão (m) de embarque	pas masuk	[pas masuk]
portão (m) de embarque	pintu berlepas	[pintu bɛrlɛpas]
trânsito (m)	transit	[transit]
esperar (vi, vt)	menunggu	[mɛnuŋgu]
sala (f) de espera	balai menunggu	[balaj mɛnuŋgu]
despedir-se (acompanhar)	menghantarkan	[mɛŋɣantarkan]
despedir-se (dizer adeus)	minta diri	[minta diri]

Eventos

109. Férias. Evento

festa (f)	perayaan	[pɛrajaan]
feriado (m) nacional	hari kebangsaan	[hari kɛbaŋsaan]
feriado (m)	cuti umum	[ʧuti umum]
festejar (vt)	merayakan	[mɛrajakan]
evento (festa, etc.)	peristiwa	[pɛristiva]
evento (banquete, etc.)	acara	[aʧara]
banquete (m)	bankuet	[baŋkuet]
recepção (f)	jamuan makan	[dʒamuan makan]
festim (m)	kenduri	[kɛnduri]
aniversário (m)	ulang tahun	[ulaŋ tahun]
jubileu (m)	jubli	[dʒubli]
celebrar (vt)	menyambut	[mɛnjambut]
Ano (m) Novo	Tahun Baru	[tahun baru]
Feliz Ano Novo!	Selamat Tahun Baru!	[sɛlamat tahun baru]
Papai Noel (m)	Santa Klaus	[santa klaus]
Natal (m)	Krismas	[krismas]
Feliz Natal!	Selamat Hari Krismas!	[sɛlamat hari krismas]
árvore (f) de Natal	pokok Krismas	[pokok krismas]
fogos (m pl) de artifício	pertunjukan bunga api	[pɛrtundʒukan buŋa api]
casamento (m)	majlis perkahwinan	[madʒlis pɛrkahvinan]
noivo (m)	pengantin lelaki	[pɛŋantin lɛlaki]
noiva (f)	pengantin perempuan	[pɛŋantin pɛrɛmpuan]
convidar (vt)	menjemput	[mɛndʒɛmput]
convite (m)	kad jemputan	[kad dʒɛmputan]
convidado (m)	tamu	[tamu]
visitar (vt)	berkunjung	[bɛrkundʒuŋ]
receber os convidados	menyambut tamu	[mɛnjambut tamu]
presente (m)	hadiah	[hadiah]
oferecer, dar (vt)	menghadiahkan	[mɛŋɣadiahkan]
receber presentes	menerima hadiah	[mɛnɛrima hadiah]
buquê (m) de flores	jambak bunga	[dʒambak buŋa]
felicitações (f pl)	ucapan selamat	[uʧapan sɛlamat]
felicitar (vt)	mengucapkan selamat	[mɛŋuʧapkan sɛlamat]
cartão (m) de parabéns	kad ucapan selamat	[kad uʧapan sɛlamat]
enviar um cartão postal	mengirim poskad	[mɛŋirim poskad]
receber um cartão postal	menerima poskad	[mɛnɛrima poskad]

brinde (m)	roti bakar	[roti bakar]
oferecer (vt)	menjamu	[mɛndʒamu]
champanhe (m)	champagne	[ʃampejn]

divertir-se (vr)	bersuka ria	[bɛrsuka ria]
diversão (f)	keriangan	[kɛriaŋan]
alegria (f)	kegembiraan	[kɛgɛmbiraan]

dança (f)	tarian	[tarian]
dançar (vi)	menari	[mɛnari]

valsa (f)	waltz	[volts]
tango (m)	tango	[taŋo]

110. Funerais. Enterro

cemitério (m)	tanah perkuburan	[tanah pɛrkuburan]
sepultura (f), túmulo (m)	makam	[makam]
cruz (f)	salib	[salib]
lápide (f)	batu nisan	[batu nisan]
cerca (f)	pagar	[pagar]
capela (f)	capel	[tʃapel]

morte (f)	kematian	[kɛmatian]
morrer (vi)	mati, meninggal	[mati], [mɛniŋgal]
defunto (m)	arwah	[arvah]
luto (m)	perkabungan	[pɛrkabuŋan]

enterrar, sepultar (vt)	mengebumikan	[mɛŋɛbumikan]
funerária (f)	rumah urus mayat	[rumah urus majat]
funeral (m)	pemakaman	[pɛmakaman]

coroa (f) de flores	lingkaran bunga	[liŋkaran buŋa]
caixão (m)	keranda	[kranda]
carro (m) funerário	kereta jenazah	[kreta dʒɛnazah]
mortalha (f)	kafan	[kafan]

procissão (f) funerária	perarakan jenazah	[pɛrarakan dʒɛnazah]
urna (f) funerária	bekas simpan abu mayat	[bɛkas simpan abu majat]
crematório (m)	krematorium	[krematorium]

obituário (m), necrologia (f)	berita takziah	[brita takziah]
chorar (vi)	menangis	[mɛnaŋis]
soluçar (vi)	meratap	[mɛratap]

111. Guerra. Soldados

pelotão (m)	platun	[platun]
companhia (f)	kompeni	[kompɛni]
regimento (m)	rejimen	[redʒimen]
exército (m)	tentera	[tɛntra]
divisão (f)	divisyen	[diviʃɛn]

| esquadrão (m) | pasukan | [pasukan] |
| hoste (f) | tentera | [tɛntra] |

| soldado (m) | perajurit | [pradʒurit] |
| oficial (m) | pegawai | [pɛgavaj] |

soldado (m) raso	prebet	[prebet]
sargento (m)	sarjan	[sardʒan]
tenente (m)	leftenan	[leftɛnan]
capitão (m)	kapten	[kaptɛn]
major (m)	mejar	[medʒar]
coronel (m)	kolonel	[kolonɛl]
general (m)	jeneral	[dʒɛnɛral]

marujo (m)	pelaut	[pɛlaut]
capitão (m)	kapten	[kaptɛn]
contramestre (m)	nakhoda	[naχoda]
artilheiro (m)	anggota artileri	[aŋgota artilɛri]
soldado (m) paraquedista	askar payung terjun	[askar pajuŋ tɛrdʒun]
piloto (m)	juruterbang	[dʒurutɛrbaŋ]
navegador (m)	pemandu	[pɛmandu]
mecânico (m)	mekanik	[mekanik]

sapador-mineiro (m)	askar jurutera	[askar dʒurutra]
paraquedista (m)	ahli payung terjun	[ahli pajuŋ tɛrdʒun]
explorador (m)	pengintip	[pɛŋintip]
atirador (m) de tocaia	penembak curi	[pɛnɛmbak ʧuri]

patrulha (f)	peronda	[pɛronda]
patrulhar (vt)	meronda	[mɛronda]
sentinela (f)	pengawal	[pɛŋaval]
guerreiro (m)	askar	[askar]
patriota (m)	patriot	[patriot]
herói (m)	wira	[vira]
heroína (f)	srikandi	[srikandi]

| traidor (m) | pengkhianat | [pɛŋχianat] |
| trair (vt) | mengkhianati | [mɛŋχianati] |

| desertor (m) | pembelot | [pɛmbelot] |
| desertar (vt) | membelot | [mɛmbelot] |

mercenário (m)	askar upahan	[askar upahan]
recruta (m)	rekrut	[rekrut]
voluntário (m)	relawan	[relavan]

morto (m)	terbunuh	[tɛrbunuh]
ferido (m)	orang cedera	[oraŋ ʧɛdɛra]
prisioneiro (m) de guerra	tawanan	[tavanan]

112. Guerra. Ações militares. Parte 1

| guerra (f) | perang | [praŋ] |
| guerrear (vt) | berperang | [bɛrpraŋ] |

guerra (f) civil	perang saudara	[praŋ saudara]
perfidamente	secara khianat	[sɛtʃara χianat]
declaração (f) de guerra	pengisytiharan perang	[pɛɲiʃtiharan praŋ]
declarar guerra	mengisytiharkan perang	[mɛɲiʃtiharkan praŋ]
agressão (f)	pencerobohan	[pɛntʃɛrobohan]
atacar (vt)	menyerang	[mɛnjeraŋ]
invadir (vt)	menduduki	[mɛnduduki]
invasor (m)	penduduk	[pɛnduduk]
conquistador (m)	penakluk	[pɛnakluk]
defesa (f)	pertahanan	[pɛrtahanan]
defender (vt)	mempertahankan	[mɛmpɛrtahaŋkan]
defender-se (vr)	bertahan	[bɛrtahan]
inimigo (m)	musuh	[musuh]
adversário (m)	lawan	[lavan]
inimigo (adj)	musuh	[musuh]
estratégia (f)	strategi	[strategi]
tática (f)	taktik	[taktik]
ordem (f)	perintah	[printah]
comando (m)	perintah	[printah]
ordenar (vt)	memerintah	[mɛmɛrintah]
missão (f)	tugas	[tugas]
secreto (adj)	rahsia	[rahsia]
batalha (f), combate (m)	pertempuran	[pɛrtɛmpuran]
ataque (m)	serangan	[sɛraŋan]
assalto (m)	serbuan	[sɛrbuan]
assaltar (vt)	menyerbu	[mɛnjerbu]
assédio, sítio (m)	kepungan	[kɛpuŋan]
ofensiva (f)	serangan	[sɛraŋan]
tomar à ofensiva	menyerang	[mɛnjeraŋ]
retirada (f)	pengunduran	[pɛŋunduran]
retirar-se (vr)	berundur	[bɛrundur]
cerco (m)	pengepungan	[pɛŋɛpuŋan]
cercar (vt)	mengepung	[mɛŋɛpuŋ]
bombardeio (m)	pengeboman	[pɛŋɛboman]
lançar uma bomba	menggugurkan bom	[mɛŋgugurkan bom]
bombardear (vt)	mengebom	[mɛŋebom]
explosão (f)	letupan	[lɛtupan]
tiro (m)	tembakan	[tembakan]
dar um tiro	menembak	[mɛnembak]
tiroteio (m)	penembakan	[pɛnembakan]
apontar para …	mengacu	[mɛŋatʃu]
apontar (vt)	menghalakan	[mɛŋɣalakan]
acertar (vt)	kena	[kɛna]
afundar (~ um navio, etc.)	menenggelamkan	[mɛnɛŋgɛlamkan]

brecha (f)	lubang	[lubaŋ]
afundar-se (vr)	karam	[karam]

frente (m)	medan pertempuran	[medan pɛrtɛmpuran]
evacuação (f)	pengungsian	[pɛŋuŋsian]
evacuar (vt)	mengungsikan	[mɛŋuŋsikan]

trincheira (f)	parit pertahanan	[parit pɛrtahanan]
arame (m) enfarpado	dawai berduri	[davaj bɛrduri]
barreira (f) anti-tanque	rintangan	[rintaŋan]
torre (f) de vigia	menara	[mɛnara]

hospital (m) militar	hospital	[hospital]
ferir (vt)	mencederakan	[mɛntʃɛdɛrakan]
ferida (f)	cedera	[tʃɛdɛra]
ferido (m)	orang cedera	[oraŋ tʃɛdɛra]
ficar ferido	kena cedera	[kɛna tʃɛdɛra]
grave (ferida ~)	parah	[parah]

113. Guerra. Ações militares. Parte 2

cativeiro (m)	tawanan	[tavanan]
capturar (vt)	menawan	[mɛnavan]
estar em cativeiro	ditahan	[ditahan]
ser aprisionado	tertawan	[tɛrtavan]

campo (m) de concentração	kem tahanan	[kem tahanan]
prisioneiro (m) de guerra	tawanan	[tavanan]
escapar (vi)	melarikan diri	[mɛlarikan diri]

trair (vt)	menghianati	[mɛŋɣianati]
traidor (m)	penghianat	[pɛŋɣianat]
traição (f)	penghianatan	[pɛŋɣianatan]

fuzilar, executar (vt)	menghukum tembak	[mɛŋɣukum tembak]
fuzilamento (m)	hukuman tembak	[hukuman tembak]

equipamento (m)	pakaian seragam	[pakajan sɛragam]
insígnia (f) de ombro	epolet	[epolet]
máscara (f) de gás	topeng gas	[topeŋ gas]

rádio (m)	pemancar radio	[pɛmantʃar radio]
cifra (f), código (m)	kod	[kod]
conspiração (f)	kerahsian	[kɛrahsian]
senha (f)	kata laluan	[kata laluan]

mina (f)	periuk api	[pɛriuk api]
minar (vt)	memasang periuk api	[mɛmasaŋ pɛriuk api]
campo (m) minado	kawasan periuk api	[kavasan pɛriuk api]

alarme (m) aéreo	semboyan serangan udara	[sɛmbojan sɛraŋan udara]
alarme (m)	amaran bahaya	[amaran bahaja]
sinal (m)	isyarat	[içarat]
sinalizador (m)	peluru isyarat	[pɛluru içarat]

quartel-general (m)	markas	[markas]
reconhecimento (m)	pengintipan	[pɛɲintipan]
situação (f)	keadaan	[kɛadaan]
relatório (m)	laporan	[laporan]
emboscada (f)	serang hendap	[sɛraŋ hɛndap]
reforço (m)	bala bantuan	[bala bantuan]
alvo (m)	sasaran	[sasaran]
campo (m) de tiro	padang tembak	[padaŋ tembak]
manobras (f pl)	latihan ketenteraan	[latihan kɛtɛntraan]
pânico (m)	panik	[panik]
devastação (f)	keruntuhan	[kɛruntuhan]
ruínas (f pl)	kemusnahan	[kɛmusnahan]
destruir (vt)	memusnahkan	[mɛmusnahkan]
sobreviver (vi)	selamat	[sɛlamat]
desarmar (vt)	melucutkan senjata	[mɛluʧutkan sɛndʒata]
manusear (vt)	mengendalikan	[mɛŋɛndalikan]
Sentido!	Sedia!	[sɛdija]
Descansar!	Senang diri!	[sɛnaŋ diri]
façanha (f)	perbuatan gagah berani	[pɛrbuatan gagah brani]
juramento (m)	sumpah	[sumpah]
jurar (vi)	bersumpah	[bɛrsumpah]
condecoração (f)	anugerah	[anugrah]
condecorar (vt)	menganugerahi	[mɛŋanugrahi]
medalha (f)	pingat	[piɲat]
ordem (f)	darjah kebesaran	[dardʒah kɛbesaran]
vitória (f)	kemenangan	[kɛmɛnaŋan]
derrota (f)	kekalahan	[kɛkalahan]
armistício (m)	gencatan senjata	[gɛnʧatan sɛndʒata]
bandeira (f)	bendera	[bɛndera]
glória (f)	kemegahan	[kɛmɛgahan]
parada (f)	perarakan	[pɛrarakan]
marchar (vi)	berarak	[bɛrarak]

114. Armas

arma (f)	senjata	[sɛndʒata]
arma (f) de fogo	senjata api	[sɛndʒata api]
arma (f) branca	sejata tajam	[sɛdʒata tadʒam]
arma (f) química	senjata kimia	[sɛndʒata kimia]
nuclear (adj)	nuklear	[nuklear]
arma (f) nuclear	senjata nuklear	[sɛndʒata nuklear]
bomba (f)	bom	[bom]
bomba (f) atômica	bom atom	[bom atom]
pistola (f)	pistol	[pistol]

rifle (m)	senapang	[sɛnapaŋ]
semi-automática (f)	submesin gan	[submesin gan]
metralhadora (f)	mesin gan	[mesin gan]
boca (f)	muncung	[muntʃuŋ]
cano (m)	laras	[laras]
calibre (m)	kaliber	[kalibɛr]
gatilho (m)	picu	[pitʃu]
mira (f)	pembidik	[pɛmbidik]
carregador (m)	kelopak peluru	[kɛlopak pɛluru]
coronha (f)	pangkal senapang	[paŋkal sɛnapaŋ]
granada (f) de mão	bom tangan	[bom taŋan]
explosivo (m)	bahan peletup	[bahan pɛlɛtup]
bala (f)	peluru	[pɛluru]
cartucho (m)	kartrij	[kartridʒ]
carga (f)	isi	[isi]
munições (f pl)	amunisi	[amunisi]
bombardeiro (m)	pengebom	[pɛŋebom]
avião (m) de caça	jet pejuang	[dʒet pɛdʒuaŋ]
helicóptero (m)	helikopter	[helikoptɛr]
canhão (m) antiaéreo	meriam penangkis udara	[mɛrjam pɛnaŋkis udara]
tanque (m)	kereta kebal	[kreta kɛbal]
canhão (de um tanque)	meriam kereta kebal	[mɛrjam kreta kɛbal]
artilharia (f)	artileri	[artilɛri]
canhão (m)	meriam	[mɛrjam]
fazer a pontaria	menghalakan	[mɛnɣalakan]
projétil (m)	peluru	[pɛluru]
granada (f) de morteiro	peluru mortar	[pɛluru mortar]
morteiro (m)	mortar	[mortar]
estilhaço (m)	serpihan	[sɛrpihan]
submarino (m)	kapal selam	[kapal sɛlam]
torpedo (m)	torpedo	[torpedo]
míssil (m)	misail	[misajl]
carregar (uma arma)	mengisi	[mɛŋisi]
disparar, atirar (vi)	menembak	[mɛnembak]
apontar para ...	mengacu	[mɛŋatʃu]
baioneta (f)	mata sangkur	[mata saŋkur]
espada (f)	pedang rapier	[pɛdaŋ rapir]
sabre (m)	pedang saber	[pɛdaŋ saber]
lança (f)	tombak	[tombak]
arco (m)	panah	[panah]
flecha (f)	anak panah	[anak panah]
mosquete (m)	senapang lantak	[sɛnapaŋ lantak]
besta (f)	busur silang	[busur silaŋ]

115. Povos da antiguidade

primitivo (adj)	primitif	[primitif]
pré-histórico (adj)	prasejarah	[prasɛdʒarah]
antigo (adj)	kuno	[kuno]

Idade (f) da Pedra	Zaman Batu	[zaman batu]
Idade (f) do Bronze	Zaman Gangsa	[zaman gaŋsa]
Era (f) do Gelo	Zaman Ais	[zaman ajs]

tribo (f)	puak	[puak]
canibal (m)	kanibal	[kanibal]
caçador (m)	pemburu	[pɛmburu]
caçar (vi)	memburu	[mɛmburu]
mamute (m)	mamot	[mamot]

caverna (f)	gua	[gua]
fogo (m)	api	[api]
fogueira (f)	unggun api	[uŋgun api]
pintura (f) rupestre	lukisan gua	[lukisan gua]

ferramenta (f)	alat kerja	[alat kɛrdʒa]
lança (f)	tombak	[tombak]
machado (m) de pedra	kapak batu	[kapak batu]
guerrear (vt)	berperang	[bɛrpraŋ]
domesticar (vt)	menjinak	[mɛndʒinak]

ídolo (m)	berhala	[bɛrhala]
adorar, venerar (vt)	memuja	[mɛmudʒa]
superstição (f)	kepercayaan karut	[kɛpɛrtʃajaan karut]
ritual (m)	upacara	[upatʃara]

evolução (f)	evolusi	[evolusi]
desenvolvimento (m)	perkembangan	[pɛrkɛmbaŋan]
extinção (f)	kehilangan	[kɛhilaŋan]
adaptar-se (vr)	menyesuaikan diri	[mɛnjesuaɪkan diri]

arqueologia (f)	arkeologi	[arkeologi]
arqueólogo (m)	ahli arkeologi	[ahli arkeologi]
arqueológico (adj)	arkeologi	[arkeologi]

escavação (sítio)	tapak ekskavasi	[tapak ekskavasi]
escavações (f pl)	ekskavasi	[ekskavasi]
achado (m)	penemuan	[pɛnɛmuan]
fragmento (m)	petikan	[pɛtikan]

116. Idade média

povo (m)	rakyat	[rakjat]
povos (m pl)	bangsa-bangsa	[baŋsa baŋsa]
tribo (f)	puak	[puak]
tribos (f pl)	puak-puak	[puak puak]
bárbaros (pl)	orang gasar	[oraŋ gasar]

galeses (pl)	orang Gaul	[oraŋ gaul]
godos (pl)	orang Goth	[oraŋ got]
eslavos (pl)	orang Slavonik	[oraŋ slavonik]
viquingues (pl)	Viking	[vajkiŋ]
romanos (pl)	orang Rom	[oraŋ rom]
romano (adj)	Rom	[rom]
bizantinos (pl)	orang Byzantium	[oraŋ bizantium]
Bizâncio	Byzantium	[bizantium]
bizantino (adj)	Byzantium	[bizantium]
imperador (m)	maharaja	[maharadʒa]
líder (m)	pemimpin	[pɛmimpin]
poderoso (adj)	adi kuasa	[adi kuasa]
rei (m)	raja	[radʒa]
governante (m)	penguasa	[pɛŋwasa]
cavaleiro (m)	kesatria	[ksatria]
senhor feudal (m)	feudal	[feudal]
feudal (adj)	feudal	[feudal]
vassalo (m)	vassal	[vasal]
duque (m)	duke	[djuk]
conde (m)	earl	[ørl]
barão (m)	baron	[baron]
bispo (m)	uskup	[uskup]
armadura (f)	baju besi	[badʒu bɛsi]
escudo (m)	perisai	[pɛrisaj]
espada (f)	pedang	[pɛdaŋ]
viseira (f)	vizor	[vizor]
cota (f) de malha	baju zirah	[badʒu zirah]
cruzada (f)	Perang Salib	[praŋ salib]
cruzado (m)	salibi	[salibi]
território (m)	wilayah	[vilajah]
atacar (vt)	menyerang	[mɛnjeraŋ]
conquistar (vt)	menakluki	[mɛnakluki]
ocupar, invadir (vt)	menduduki	[mɛnduduki]
assédio, sítio (m)	kepungan	[kɛpuŋan]
sitiado (adj)	terkepung	[tɛrkɛpuŋ]
assediar, sitiar (vt)	mengepung	[mɛŋɛpuŋ]
inquisição (f)	pasitan	[pasitan]
inquisidor (m)	ahli pasitan	[ahli pasitan]
tortura (f)	seksaan	[seksaan]
cruel (adj)	kejam	[kɛdʒam]
herege (m)	orang musyrik	[oraŋ muçrik]
heresia (f)	kemusyrikan	[kɛmuçrikan]
navegação (f) marítima	pelayaran laut	[pɛlajaran laut]
pirata (m)	lanun	[lanun]
pirataria (f)	kegiatan melanun	[kɛgiatan mɛlanun]

abordagem (f)	penyerbuan	[pɛnjerbuan]
presa (f), butim (m)	penjarahan	[pɛndʒarahan]
tesouros (m pl)	harta khazanah	[harta χazanah]

descobrimento (m)	penemuan	[pɛnɛmuan]
descobrir (novas terras)	menemui	[mɛnɛmui]
expedição (f)	ekspedisi	[ekspedisi]

mosqueteiro (m)	askar senapang lantak	[askar sɛnapaŋ lantak]
cardeal (m)	kardinal	[kardinal]
heráldica (f)	ilmu lambang	[ilmu lambaŋ]
heráldico (adj)	heraldik	[heraldik]

117. Líder. Chefe. Autoridades

rei (m)	raja	[radʒa]
rainha (f)	ratu	[ratu]
real (adj)	diraja	[diradʒa]
reino (m)	kerajaan	[kɛradʒaan]

| príncipe (m) | putera | [putra] |
| princesa (f) | puteri | [putri] |

presidente (m)	presiden	[presiden]
vice-presidente (m)	naib presiden	[naib presiden]
senador (m)	senator	[senator]

monarca (m)	raja	[radʒa]
governante (m)	penguasa	[pɛŋwasa]
ditador (m)	diktator	[diktator]
tirano (m)	pezalim	[pɛzalim]
magnata (m)	taikun	[tajkun]

diretor (m)	pengarah	[pɛŋarah]
chefe (m)	ketua	[kɛtua]
gerente (m)	pengurus	[pɛŋurus]
patrão (m)	bos	[bos]
dono (m)	pemilik	[pɛmilik]

líder (m)	pemimpin	[pɛmimpin]
chefe (m)	kepala	[kɛpala]
autoridades (f pl)	pihak berkuasa	[pihak bɛrkuasa]
superiores (m pl)	pihak atasan	[pihak atasan]

governador (m)	gabnor	[gabnor]
cônsul (m)	konsul	[konsul]
diplomata (m)	diplomat	[diplomat]
Presidente (m) da Câmara	datuk bandar	[datuk bandar]
xerife (m)	sheriff	[ʃərif]

imperador (m)	maharaja	[maharadʒa]
czar (m)	tsar, raja	[tsar], [radʒa]
faraó (m)	firaun	[firaun]
cã, khan (m)	khan	[χan]

118. Violação da lei. Criminosos. Parte 1

bandido (m)	samseng	[samseŋ]
crime (m)	jenayah	[dʒɛnajah]
criminoso (m)	penjenayah	[pɛndʒɛnajah]
ladrão (m)	pencuri	[pɛntʃuri]
roubar (vt)	mencuri	[mɛntʃuri]
furto, roubo (m)	pencurian	[pɛntʃurian]
raptar, sequestrar (vt)	menculik	[mɛntʃulik]
sequestro (m)	penculikan	[pɛntʃulikan]
sequestrador (m)	penculik	[pɛntʃulik]
resgate (m)	wang tebusan	[vaŋ tɛbusan]
pedir resgate	menuntut wang tebusan	[mɛnuntut vaŋ tɛbusan]
roubar (vt)	merampok	[mɛrampok]
assalto, roubo (m)	perampokan	[pɛrampokan]
assaltante (m)	perampok	[pɛrampok]
extorquir (vt)	memeras ugut	[mɛmɛras ugut]
extorsionário (m)	pemeras ugut	[pɛmɛras ugut]
extorsão (f)	peras ugut	[pɛras ugut]
matar, assassinar (vt)	membunuh	[mɛmbunuh]
homicídio (m)	pembunuhan	[pɛmbunuhan]
homicida, assassino (m)	pembunuh	[pɛmbunuh]
tiro (m)	tembakan	[tembakan]
dar um tiro	melepalkan tembakan	[mɛlɛpaskan tembakan]
matar a tiro	menembak mati	[mɛnembak mati]
disparar, atirar (vi)	menembak	[mɛnembak]
tiroteio (m)	penembakan	[pɛnembakan]
incidente (m)	kejadian	[kɛdʒadian]
briga (~ de rua)	perkelahian	[pɛrkɛlahian]
Socorro!	Tolong!	[toloŋ]
vítima (f)	mangsa	[maŋsa]
danificar (vt)	merosak	[mɛrosak]
dano (m)	rugi	[rugi]
cadáver (m)	bangkai	[baŋkaj]
grave (adj)	berat	[brat]
atacar (vt)	menyerang	[mɛnjeraŋ]
bater (espancar)	memukul	[mɛmukul]
espancar (vt)	memukul-mukul	[mɛmukul mukul]
tirar, roubar (dinheiro)	merebut	[mɛrɛbut]
esfaquear (vt)	menikam mati	[mɛnikam mati]
mutilar (vt)	mencacatkan	[mɛntʃatʃatkan]
ferir (vt)	mencederakan	[mɛntʃɛdɛrakan]
chantagem (f)	peras ugut	[pɛras ugut]
chantagear (vt)	memeras ugut	[mɛmɛras ugut]

chantagista (m)	pemeras ugut	[pɛmɛras ugut]
extorsão (f)	peras ugut wang perlindungan	[pɛras ugut vaŋ perlinduŋan]
extorsionário (m)	pemeras ugut wang perlindungan	[pɛmɛras ugut vaŋ pɛrlinduŋan]
gângster (m)	gengster	[geŋstɛr]
máfia (f)	mafia	[mafia]
punguista (m)	penyeluk saku	[pɛnjeluk saku]
assaltante, ladrão (m)	pemecah rumah	[pɛmɛtʃah rumah]
contrabando (m)	penyeludupan	[pɛnjeludupan]
contrabandista (m)	penyeludup	[pɛnjeludup]
falsificação (f)	pemalsuan	[pɛmalsuan]
falsificar (vt)	memalsukan	[mɛmalsukan]
falsificado (adj)	palsu	[palsu]

119. Violação da lei. Criminosos. Parte 2

estupro (m)	pemerkosaan	[pɛmɛrkosaan]
estuprar (vt)	memerkosa	[mɛmɛrkosa]
estuprador (m)	pemerkosa	[pɛmɛrkosa]
maníaco (m)	maniak	[maniak]
prostituta (f)	pelacur	[pɛlatʃur]
prostituição (f)	pelacuran	[pɛlatʃuran]
cafetão (m)	bapa ayam	[bapa ajam]
drogado (m)	penagih dadah	[pɛnagih dadah]
traficante (m)	pengedar dadah	[pɛŋedar dadah]
explodir (vt)	meletupkan	[mɛlɛtupkan]
explosão (f)	letupan	[lɛtupan]
incendiar (vt)	membakar	[mɛmbakar]
incendiário (m)	pelaku kebakaran	[pɛlaku kɛbakaran]
terrorismo (m)	keganasan	[keganasan]
terrorista (m)	pengganas	[pɛŋganas]
refém (m)	tebusan	[tɛbusan]
enganar (vt)	menipu	[mɛnipu]
engano (m)	penipuan	[pɛnipuan]
vigarista (m)	penipu	[pɛnipu]
subornar (vt)	menyuap	[mɛnjuap]
suborno (atividade)	penyuapan	[pɛnjuapan]
suborno (dinheiro)	suapan	[suapan]
veneno (m)	racun	[ratʃun]
envenenar (vt)	meracuni	[mɛratʃuni]
envenenar-se (vr)	bunuh diri makan racun	[bunuh diri makan ratʃun]
suicídio (m)	bunuh diri	[bunuh diri]
suicida (m)	pembunuh diri	[pɛmbunuh diri]

ameaçar (vt)	mengugut	[mɛŋugut]
ameaça (f)	ugutan	[ugutan]
atentar contra a vida de …	mencuba	[mɛnʧuba]
atentado (m)	percubaan membunuh	[pɛrʧubaan mɛmbunuh]

roubar (um carro)	melarikan	[mɛlarikan]
sequestrar (um avião)	membajak	[mɛmbadʒak]

vingança (f)	dendam	[dɛndam]
vingar (vt)	mendendam	[mɛndɛndam]

torturar (vt)	menyeksa	[mɛnjeksa]
tortura (f)	seksaan	[seksaan]
atormentar (vt)	menyeksa	[mɛnjeksa]

pirata (m)	lanun	[lanun]
desordeiro (m)	kaki gaduh	[kaki gaduh]
armado (adj)	bersenjata	[bɛrsɛndʒata]
violência (f)	kekerasan	[kɛkɛrasan]
ilegal (adj)	ilegal	[ilegal]

espionagem (f)	pengintipan	[pɛŋintipan]
espionar (vi)	mengintip	[mɛŋintip]

120. Polícia. Lei. Parte 1

justiça (sistema de ~)	keadilan	[kɛadilan]
tribunal (m)	mahkamah	[mahkamah]

juiz (m)	hakim	[hakim]
jurados (m pl)	ahli juri	[ahli dʒuri]
tribunal (m) do júri	juri	[dʒuri]
julgar (vt)	mengadili	[mɛŋadili]

advogado (m)	peguam	[pɛguam]
réu (m)	tertuduh	[tɛrtuduh]
banco (m) dos réus	kandang orang tertuduh	[kandaŋ oraŋ tɛrtuduh]

acusação (f)	tuduhan	[tuduhan]
acusado (m)	tertuduh	[tɛrtuduh]

sentença (f)	hukuman	[hukuman]
sentenciar (vt)	menjatuhkan hukuman	[mɛndʒatuhkan hukuman]

culpado (m)	pesalah	[pɛsalah]
punir (vt)	menghukum	[mɛŋɣukum]
punição (f)	hukuman	[hukuman]
multa (f)	denda	[dɛnda]
prisão (f) perpétua	penjara seumur hidup	[pɛndʒara sɛumur hidup]
pena (f) de morte	hukuman mati	[hukuman mati]
cadeira (f) elétrica	kerusi elektrik	[krusi elektrik]
forca (f)	tali gantung	[tali gantuŋ]
executar (vt)	menjalankan hukuman mati	[mɛndʒalaŋkan hukuman mati]

execução (f)	hukuman	[hukuman]
prisão (f)	penjara	[pɛndʒara]
cela (f) de prisão	sel	[sel]

escolta (f)	pengiring	[pɛŋiriŋ]
guarda (m) prisional	warden	[vardɛn]
preso, prisioneiro (m)	tahanan	[tahanan]

algemas (f pl)	gari	[gari]
algemar (vt)	mengenakan gari	[mɛŋɛnakan gari]

fuga, evasão (f)	pelarkan	[pɛlarian]
fugir (vi)	melarikan diri	[mɛlarikan diri]
desaparecer (vi)	hilang	[hilaŋ]
soltar, libertar (vt)	melepaskan	[mɛlɛpaskan]
anistia (f)	pengampunan	[pɛŋampunan]

polícia (instituição)	polis	[polis]
polícia (m)	anggota polis	[aŋgota polis]
delegacia (f) de polícia	balai polis	[balaj polis]
cassetete (m)	belantan getah	[bɛlantan gɛtah]
megafone (m)	corong suara	[tʃoroŋ suara]

carro (m) de patrulha	kereta peronda	[kreta pɛronda]
sirene (f)	siren	[sirɛn]
ligar a sirene	menghidupkan siren	[mɛŋɣidupkan sirɛn]
toque (m) da sirene	bunyi penggera	[bunji pɛŋgera]

cena (f) do crime	tempat kelakuan jenayah	[tɛmpat kɛlakuan dʒɛnajah]
testemunha (f)	saksi	[saksi]
liberdade (f)	kebebasan	[kɛbɛbasan]
cúmplice (m)	subahat	[subahat]
escapar (vi)	melarikan diri	[mɛlarikan diri]
traço (não deixar ~s)	jejak	[dʒedʒak]

121. Polícia. Lei. Parte 2

procura (f)	pencarian	[pɛntʃarian]
procurar (vt)	mencari	[mɛntʃari]
suspeita (f)	kecurigaan	[kɛtʃurigaan]
suspeito (adj)	mencurigakan	[mɛntʃurigakan]
parar (veículo, etc.)	menghentikan	[mɛŋɣɛntikan]
deter (fazer parar)	menahan	[mɛnahan]

caso (~ criminal)	kes	[kes]
investigação (f)	siasatan	[siasatan]
detetive (m)	mata-mata gelap	[mata mata gɛlap]
investigador (m)	penyiasat	[pɛnjiasat]
versão (f)	versi	[vɛrsi]

motivo (m)	motif	[motif]
interrogatório (m)	soal siasat	[soal siasat]
interrogar (vt)	menyoal siasat	[mɛnjoal siasat]
questionar (vt)	menyoal selidik	[mɛnjoal sɛlidik]

verificação (f)	pemeriksaan	[pɛmɛriksaan]
batida (f) policial	penyergapan	[pɛnjergapan]
busca (f)	penggeledahan	[pɛŋgɛledahan]
perseguição (f)	pemburuan	[pɛmburuan]
perseguir (vt)	mengejar	[mɛŋɛdʒar]
seguir, rastrear (vt)	mengesan	[mɛŋɛsan]

prisão (f)	penahanan	[pɛnahanan]
prender (vt)	menahan	[mɛnahan]
pegar, capturar (vt)	menangkap	[mɛnaŋkap]
captura (f)	penangkapan	[pɛnaŋkapan]

documento (m)	bokumen	[bokumen]
prova (f)	bukti	[bukti]
provar (vt)	membukti	[mɛmbukti]
pegada (f)	jejak	[dʒɛdʒak]
impressões (f pl) digitais	cap jari	[tʃap dʒari]
prova (f)	bukti	[bukti]

álibi (m)	alibi	[alibi]
inocente (adj)	tidak bersalah	[tidak bɛrsalah]
injustiça (f)	ketidakadilan	[kɛtidakadilan]
injusto (adj)	tidak adil	[tidak adil]

criminal (adj)	jenayah	[dʒɛnajah]
confiscar (vt)	menyita	[mɛnjita]
droga (f)	najis dadah	[nadʒis dadah]
arma (f)	senjata	[sɛndʒata]
desarmar (vt)	melucutkan senjata	[mɛlutʃutkan sɛndʒata]
ordenar (vt)	memerintah	[mɛmɛrintah]
desaparecer (vi)	hilang	[hilaŋ]

lei (f)	undang-undang	[undaŋ undaŋ]
legal (adj)	sah	[sah]
ilegal (adj)	tidak sah	[tidak sah]

responsabilidade (f)	tanggungjawab	[taŋguŋdʒavab]
responsável (adj)	bertanggungjawab	[bɛrtaŋguŋdʒavab]

NATUREZA

A Terra. Parte 1

122. Espaço sideral

espaço, cosmo (m)	angkasa lepas	[aŋkasa lɛpas]
espacial, cósmico (adj)	angkasa lepas	[aŋkasa lɛpas]
espaço (m) cósmico	ruang angkasa lepas	[ruaŋ aŋkasa lɛpas]
mundo (m)	dunia	[dunia]
universo (m)	alam semesta	[alam sɛmɛsta]
galáxia (f)	Bimasakti	[bimasakti]
estrela (f)	bintang	[bintaŋ]
constelação (f)	gugusan bintang	[gugusan bintaŋ]
planeta (m)	planet	[planet]
satélite (m)	satelit	[satɛlit]
meteorito (m)	meteorit	[meteorit]
cometa (m)	komet	[komet]
asteroide (m)	asteroid	[asteroid]
órbita (f)	edaran, orbit	[edaraŋ], [orbit]
girar (vi)	berputar	[bɛrputar]
atmosfera (f)	udara	[udara]
Sol (m)	Matahari	[matahari]
Sistema (m) Solar	tata surya	[tata surja]
eclipse (m) solar	gerhana matahari	[gɛrhana matahari]
Terra (f)	Bumi	[bumi]
Lua (f)	Bulan	[bulan]
Marte (m)	Marikh	[mariχ]
Vênus (f)	Zuhrah	[zuhrah]
Júpiter (m)	Musytari	[muʃtari]
Saturno (m)	Zuhal	[zuhal]
Mercúrio (m)	Utarid	[utarid]
Urano (m)	Uranus	[uranus]
Netuno (m)	Waruna	[varuna]
Plutão (m)	Pluto	[pluto]
Via Láctea (f)	Bima Sakti	[bima sakti]
Ursa Maior (f)	Bintang Biduk	[bintaŋ biduk]
Estrela Polar (f)	Bintang Utara	[bintaŋ utara]
marciano (m)	makhluk dari Marikh	[mahluk dari marih]
extraterrestre (m)	makhluk ruang angkasa	[maχluk ruaŋ aŋkasa]

alienígena (m)	makhluk asing	[mahluk asiŋ]
disco (m) voador	piring terbang	[piriŋ tɛrbaŋ]
espaçonave (f)	kapal angkasa lepas	[kapal aŋkasa lɛpas]
estação (f) orbital	stesen orbit angkasa	[stesen orbit aŋkasa]
lançamento (m)	pelancaran	[pɛlanʧaran]
motor (m)	enjin	[endʒin]
bocal (m)	muncung	[munʧuŋ]
combustível (m)	bahan bakar	[bahan bakar]
cabine (f)	kokpit	[kokpit]
antena (f)	aerial	[aerial]
vigia (f)	tingkap kapal	[tiŋkap kapal]
bateria (f) solar	sel surya	[sel surja]
traje (m) espacial	pakaian angkasawan	[pakajan aŋkasavan]
imponderabilidade (f)	keadaan graviti sifar	[kɛadaan graviti sifar]
oxigênio (m)	oksigen	[oksigɛn]
acoplagem (f)	percantuman	[pɛrʧantuman]
fazer uma acoplagem	melakukan cantuman	[mɛlakukan ʧantuman]
observatório (m)	balai cerap	[balaj ʧɛrap]
telescópio (m)	teleskop	[teleskop]
observar (vt)	menyaksikan	[mɛnjaksikan]
explorar (vt)	menjelajahi	[mɛndʒɛladʒahi]

123. A Terra

Terra (f)	Bumi	[bumi]
globo terrestre (Terra)	bola Bumi	[bola bumi]
planeta (m)	planet	[planet]
atmosfera (f)	udara	[udara]
geografia (f)	geografi	[geografi]
natureza (f)	alam	[alam]
globo (mapa esférico)	glob	[glob]
mapa (m)	peta	[pɛta]
atlas (m)	atlas	[atlas]
Europa (f)	Eropah	[eropa]
Ásia (f)	Asia	[asia]
África (f)	Afrika	[afrika]
Austrália (f)	Australia	[australia]
América (f)	Amerika	[amerika]
América (f) do Norte	Amerika Utara	[amerika utara]
América (f) do Sul	Amerika Selatan	[amerika sɛlatan]
Antártida (f)	Antartika	[antartika]
Ártico (m)	Artik	[artik]

124. Pontos cardeais

norte (m)	utara	[utara]
para norte	ke utara	[kɛ utara]
no norte	di utara	[di utara]
do norte (adj)	utara	[utara]
sul (m)	selatan	[sɛlatan]
para sul	ke selatan	[kɛ sɛlatan]
no sul	di selatan	[di sɛlatan]
do sul (adj)	selatan	[sɛlatan]
oeste, ocidente (m)	barat	[barat]
para oeste	ke barat	[kɛ barat]
no oeste	di barat	[di barat]
ocidental (adj)	barat	[barat]
leste, oriente (m)	timur	[timur]
para leste	ke timur	[kɛ timur]
no leste	di timur	[di timur]
oriental (adj)	timur	[timur]

125. Mar. Oceano

mar (m)	laut	[laut]
oceano (m)	lautan	[lautan]
golfo (m)	teluk	[tɛluk]
estreito (m)	selat	[sɛlat]
terra (f) firme	daratan	[daratan]
continente (m)	benua	[bɛnua]
ilha (f)	pulau	[pulau]
península (f)	semenanjung	[sɛmɛnandʒuŋ]
arquipélago (m)	kepulauan	[kɛpulawan]
baía (f)	teluk	[tɛluk]
porto (m)	pelabuhan	[pɛlabuhan]
lagoa (f)	lagun	[lagun]
cabo (m)	tanjung	[tandʒuŋ]
atol (m)	pulau cincin	[pulau ʧinʧin]
recife (m)	terumbu	[tɛrumbu]
coral (m)	karang	[karaŋ]
recife (m) de coral	terumbu karang	[tɛrumbu karaŋ]
profundo (adj)	dalam	[dalam]
profundidade (f)	kedalaman	[kɛdalaman]
abismo (m)	jurang	[dʒuraŋ]
fossa (f) oceânica	jurang	[dʒuraŋ]
corrente (f)	arus	[arus]
banhar (vt)	bersempadan	[bɛrsɛmpadan]

| litoral (m) | pantai | [pantaj] |
| costa (f) | pantai | [pantaj] |

maré (f) alta	air pasang	[air pasaŋ]
refluxo (m)	air surut	[air surut]
restinga (f)	beting	[bɛtiŋ]
fundo (m)	dasar	[dasar]

onda (f)	gelombang	[gɛlombaŋ]
crista (f) da onda	puncak gelombang	[puntʃak gɛlombaŋ]
espuma (f)	buih	[buih]

tempestade (f)	badai	[badaj]
furacão (m)	badai, taufan	[badaj], [taufan]
tsunami (m)	tsunami	[tsunami]
calmaria (f)	angin mati	[aŋin mati]
calmo (adj)	tenang	[tɛnaŋ]

| polo (m) | khutub | [χutub] |
| polar (adj) | polar | [polar] |

latitude (f)	garisan lintang	[garisan lintaŋ]
longitude (f)	garisan bujur	[garisan budʒur]
paralela (f)	garisan latitud	[garisan latitud]
equador (m)	khatulistiwa	[χatulistiwa]

céu (m)	langit	[laŋit]
horizonte (m)	kaki langit	[kaki laŋit]
ar (m)	udara	[udara]

farol (m)	rumah api	[rumah api]
mergulhar (vi)	menyelam	[mɛnjelam]
afundar-se (vr)	karam	[karam]
tesouros (m pl)	harta karun	[harta karun]

126. Nomes de Mares e Oceanos

Oceano (m) Atlântico	Lautan Atlantik	[lautan atlantik]
Oceano (m) Índico	Lautan Hindia	[lautan hindia]
Oceano (m) Pacífico	Lautan Teduh	[lautan tɛduh]
Oceano (m) Ártico	Lautan Arktik	[lautan arktik]

Mar (m) Negro	Laut Hitam	[laut hitam]
Mar (m) Vermelho	Laut Merah	[laut merah]
Mar (m) Amarelo	Laut Kuning	[laut kuniŋ]
Mar (m) Branco	Laut Putih	[laut putih]

Mar (m) Cáspio	Laut Caspian	[laut kaspian]
Mar (m) Morto	Laut Mati	[laut mati]
Mar (m) Mediterrâneo	Laut Tengah	[laut tɛŋah]

Mar (m) Egeu	Laut Aegean	[laut idʒian]
Mar (m) Adriático	Laut Adriatik	[laut adriatik]
Mar (m) Arábico	Laut Arab	[laut arab]

Mar (m) do Japão	Laut Jepun	[laut dʒepun]
Mar (m) de Bering	Laut Bering	[laut beriŋ]
Mar (m) da China Meridional	Laut Cina Selatan	[laut tʃina sɛlatan]

Mar (m) de Coral	Laut Coral	[laut koral]
Mar (m) de Tasman	Laut Tasmania	[laut tasmania]
Mar (m) do Caribe	Laut Caribbean	[laut karibean]

| Mar (m) de Barents | Laut Barents | [laut barents] |
| Mar (m) de Kara | Laut Kara | [laut kara] |

Mar (m) do Norte	Laut Utara	[laut utara]
Mar (m) Báltico	Laut Baltik	[laut baltik]
Mar (m) da Noruega	Laut Norway	[laut norvej]

127. Montanhas

montanha (f)	gunung	[gunuŋ]
cordilheira (f)	banjaran gunung	[bandʒaran gunuŋ]
serra (f)	rabung gunung	[rabuŋ gunuŋ]

cume (m)	puncak	[puntʃak]
pico (m)	puncak	[puntʃak]
pé (m)	kaki	[kaki]
declive (m)	cerun	[tʃɛrun]

vulcão (m)	gunung berapi	[gunuŋ bɛrapi]
vulcão (m) ativo	gunung berapi hidup	[gunuŋ bɛrapi hidup]
vulcão (m) extinto	gunung api yang tidak aktif	[gunuŋ api jaŋ tidak aktif]

erupção (f)	letusan	[lɛtusan]
cratera (f)	kawah	[kavah]
magma (m)	magma	[magma]
lava (f)	lahar	[lahar]
fundido (lava ~a)	pijar	[pidʒar]

cânion, desfiladeiro (m)	kanyon	[kanjon]
garganta (f)	jurang	[dʒuraŋ]
fenda (f)	krevis	[krevis]
precipício (m)	jurang	[dʒuraŋ]

passo, colo (m)	genting	[gɛntiŋ]
planalto (m)	penara	[pɛnara]
falésia (f)	cenuram	[tʃɛnuram]
colina (f)	bukit	['bukit]

geleira (f)	glasier	[glasier]
cachoeira (f)	air terjun	[air tɛrdʒun]
gêiser (m)	pancutan air panas	[pantʃutan air panas]
lago (m)	tasik	[tɛsik]

planície (f)	dataran	[dataran]
paisagem (f)	pemandangan	[pɛmandaŋan]
eco (m)	kumandang	[kumandaŋ]

alpinista (m)	**pendaki gunung**	[pɛndaki gunuŋ]
escalador (m)	**pendaki batu**	[pɛndaki batu]
conquistar (vt)	**menaklukkan**	[mɛnaklukkan]
subida, escalada (f)	**pendakian**	[pɛndakian]

128. Nomes de montanhas

Alpes (m pl)	**Alps**	[alps]
Monte Branco (m)	**Mont Blanc**	[mont blaŋk]
Pirineus (m pl)	**Pyrenees**	[pirinis]
Cárpatos (m pl)	**Pegunungan Carpathia**	[pɛgunuŋan karpatia]
Urais (m pl)	**Pegunungan Ural**	[pɛgunuŋan ural]
Cáucaso (m)	**Kaukasia**	[kaukasia]
Elbrus (m)	**Elbrus**	[elbrus]
Altai (m)	**Altai**	[altaj]
Tian Shan (m)	**Tien Shan**	[tien ʃan]
Pamir (m)	**Pamir**	[pamir]
Himalaia (m)	**Himalaya**	[himalaja]
monte Everest (m)	**Everest**	[everest]
Cordilheira (f) dos Andes	**Andes**	[andes]
Kilimanjaro (m)	**Kilimanjaro**	[kilimandʒaro]

129. Rios

rio (m)	**sungai**	[suŋaj]
fonte, nascente (f)	**mata air**	[mata air]
leito (m) de rio	**dasar sungai**	[dasar suŋaj]
bacia (f)	**lembah sungai**	[lɛmbah suŋaj]
desaguar no ...	**bermuara**	[bɛrmuara]
afluente (m)	**anak sungai**	[anak suŋaj]
margem (do rio)	**tepi**	[tepi]
corrente (f)	**arus**	[arus]
rio abaixo	**ke hilir**	[kɛ hilir]
rio acima	**ke hulu**	[kɛ hulu]
inundação (f)	**banjir**	[bandʒir]
cheia (f)	**air bah**	[air bah]
transbordar (vi)	**meluap**	[mɛluap]
inundar (vt)	**menggenangi**	[mɛŋgɛnaɲi]
banco (m) de areia	**beting**	[bɛtiŋ]
corredeira (f)	**jeram**	[dʒɛram]
barragem (f)	**empangan**	[ɛmpaŋan]
canal (m)	**terusan**	[tɛrusan]
reservatório (m) de água	**takungan**	[takuŋan]
eclusa (f)	**pintu air**	[pintu air]

corpo (m) de água	kolam	[kolam]
pântano (m)	bencah	[bɛntʃah]
lamaçal (m)	paya	[paja]
redemoinho (m)	pusaran air	[pusaran air]

riacho (m)	anak sungai	[anak suŋaj]
potável (adj)	minum	[minum]
doce (água)	tawar	[tavar]

gelo (m)	ais	[ajs]
congelar-se (vr)	membeku	[mɛmbɛku]

130. Nomes de rios

rio Sena (m)	Seine	[sɛn]
rio Loire (m)	Loire	[luar]

rio Tâmisa (m)	Thames	[tɛms]
rio Reno (m)	Rhine	[rajn]
rio Danúbio (m)	Danube	[danub]

rio Volga (m)	Volga	[volga]
rio Don (m)	Don	[don]
rio Lena (m)	Lena	[lena]

rio Amarelo (m)	Hwang Ho	[hvaŋ ho]
rio Yangtzé (m)	Yangtze	[jaŋtze]
rio Mekong (m)	Mekong	[mekoŋ]
rio Ganges (m)	Ganges	[gandʒis]

rio Nilo (m)	sungai Nil	[suŋaj nil]
rio Congo (m)	Congo	[koŋo]
rio Cubango (m)	Okavango	[okavaŋo]
rio Zambeze (m)	Zambezi	[zambezi]
rio Limpopo (m)	Limpopo	[limpopo]
rio Mississippi (m)	Mississippi	[misisipi]

131. Floresta

floresta (f), bosque (m)	hutan	[hutan]
florestal (adj)	hutan	[hutan]

mata (f) fechada	hutan lebat	[hutan lɛbat]
arvoredo (m)	hutan kecil	[hutan kɛtʃil]
clareira (f)	cerang	[tʃɛraŋ]

matagal (m)	belukar	[bɛlukar]
mato (m), caatinga (f)	pokok renek	[pokok renek]

pequena trilha (f)	jalan setapak	[dʒalan sɛtapak]
ravina (f)	gaung	[gauŋ]
árvore (f)	pokok	[pokok]

| folha (f) | daun | [daun] |
| folhagem (f) | daun-daunan | [daun daunan] |

queda (f) das folhas	daun luruh	[daun luruh]
cair (vi)	gugur	[gugur]
topo (m)	puncak	[puntʃak]

ramo (m)	cabang	[tʃabaŋ]
galho (m)	dahan	[dahan]
botão (m)	mata tunas	[mata tunas]
agulha (f)	jejarum	[dʒɛdʒarum]
pinha (f)	buah konifer	[buah konifer]

buraco (m) de árvore	lubang	[lubaŋ]
ninho (m)	sarang	[saraŋ]
toca (f)	lubang	[lubaŋ]

tronco (m)	batang	[bataŋ]
raiz (f)	akar	[akar]
casca (f) de árvore	kulit	[kulit]
musgo (m)	lumut	[lumut]

arrancar pela raiz	mencabut	[mɛntʃabut]
cortar (vt)	menebang	[mɛnɛbaŋ]
desflorestar (vt)	membasmi hutan	[mɛmbasmi hutan]
toco, cepo (m)	tunggul	[tuŋgul]

fogueira (f)	unggun api	[uŋgun api]
incêndio (m) florestal	kebakaran	[kɛbakaran]
apagar (vt)	memadamkan	[mɛmadamkan]

guarda-parque (m)	renjer hutan	[rendʒɛr hutan]
proteção (f)	perlindungan	[pɛrlinduŋan]
proteger (a natureza)	melindungi	[mɛlinduɲi]
caçador (m) furtivo	penebang haram	[pɛnɛbaŋ haram]
armadilha (f)	perangkap	[praŋkap]

| colher (cogumelos, bagas) | memetik | [mɛmɛtik] |
| perder-se (vr) | sesat jalan | [sɛsat dʒalan] |

132. Recursos naturais

recursos (m pl) naturais	kekayaan alam	[kɛkajaan alam]
minerais (m pl)	galian	[galian]
depósitos (m pl)	mendapan	[mɛndapan]
jazida (f)	lapangan	[lapaŋan]

extrair (vt)	melombong	[mɛlomboŋ]
extração (f)	perlombongan	[pɛrlomboŋan]
minério (m)	bijih	[bidʒih]
mina (f)	lombong	[lomboŋ]
poço (m) de mina	lombong	[lomboŋ]
mineiro (m)	buruh lombong	[buruh lomboŋ]
gás (m)	gas	[gas]

gasoduto (m)	talian paip gas	[talian pajp gas]
petróleo (m)	minyak	[minjak]
oleoduto (m)	saluran paip minyak	[saluran paɪp minjak]
poço (m) de petróleo	telaga minyak	[tɛlaga minjak]
torre (f) petrolífera	menara minyak	[mɛnara minjak]
petroleiro (m)	kapal tangki	[kapal taŋki]

areia (f)	pasir	[pasir]
calcário (m)	kapur	[kapur]
cascalho (m)	kerikil	[kɛrikil]
turfa (f)	gambut	[gambut]
argila (f)	tanah liat	[tanah liat]
carvão (m)	arang	[araŋ]

ferro (m)	besi	[bɛsi]
ouro (m)	emas	[ɛmas]
prata (f)	perak	[perak]
níquel (m)	nikel	[nikɛl]
cobre (m)	tembaga	[tɛmbaga]

zinco (m)	zink	[ziŋk]
manganês (m)	mangan	[maŋan]
mercúrio (m)	air raksa	[air raksa]
chumbo (m)	timah hitam	[timah hitam]

mineral (m)	galian	[galian]
cristal (m)	hablur	[hablur]
mármore (m)	pualam	[pualam]
urânio (m)	uranium	[uranium]

A Terra. Parte 2

133. Tempo

tempo (m)	cuaca	[ʧuaʧa]
previsão (f) do tempo	ramalan cuaca	[ramalan ʧuaʧa]
temperatura (f)	suhu	[suhu]
termômetro (m)	termometer	[tɛrmometɛr]
barômetro (m)	barometer	[barometɛr]
úmido (adj)	lembap	[lɛmbap]
umidade (f)	kelembapan	[kɛlɛmbapan]
calor (m)	panas terik	[panas tɛrik]
tórrido (adj)	panas terik	[panas tɛrik]
está muito calor	panas	[panas]
está calor	panas	[panas]
quente (morno)	hangat	[haŋat]
está frio	cuaca sejuk	[ʧuaʧa sɛdʒuk]
frio (adj)	sejuk	[sɛdʒuk]
sol (m)	matahari	[matahari]
brilhar (vi)	bersinar	[bɛrsinar]
de sol, ensolarado	cerah	[ʧɛrah]
nascer (vi)	terbit	[tɛrbit]
pôr-se (vr)	duduk	[duduk]
nuvem (f)	awan	[avan]
nublado (adj)	berawan	[bɛravan]
nuvem (f) preta	awan mendung	[avan mɛnduŋ]
escuro, cinzento (adj)	mendung	[mɛnduŋ]
chuva (f)	hujan	[hudʒan]
está a chover	hujan turun	[hudʒan turun]
chuvoso (adj)	hujan	[hudʒan]
chuviscar (vi)	renyai-renyai	[rɛnjai rɛnjai]
chuva (f) torrencial	hujan lebat	[hudʒan lɛbat]
aguaceiro (m)	hujan lebat	[hudʒan lɛbat]
forte (chuva, etc.)	lebat	[lɛbat]
poça (f)	lopak	[lopak]
molhar-se (vr)	kebasahan	[kɛbasahan]
nevoeiro (m)	kabus	[kabus]
de nevoeiro	berkabus	[bɛrkabus]
neve (f)	salji	[saldʒi]
está nevando	salji turun	[saldʒi turun]

134. Tempo extremo. Catástrofes naturais

trovoada (f)	hujan ribut	[huʤan ribut]
relâmpago (m)	kilat	[kilat]
relampejar (vi)	berkilau	[bɛrkilau]
trovão (m)	guruh	[guruh]
trovejar (vi)	bergemuruh	[bɛrgɛmuruh]
está trovejando	guruh berbunyi	[guruh bɛrbunji]
granizo (m)	hujan batu	[huʤan batu]
está caindo granizo	hujan batu turun	[huʤan batu turun]
inundar (vt)	menggenangi	[mɛŋgɛnaɲi]
inundação (f)	banjir	[banʤir]
terremoto (m)	gempa bumi	[gɛmpa bumi]
abalo, tremor (m)	gegaran	[gɛgaran]
epicentro (m)	titik	[titik]
erupção (f)	letusan	[lɛtusan]
lava (f)	lahar	[lahar]
tornado (m)	puting beliung	[putiŋ bɛliuŋ]
tornado (m)	tornado	[tornado]
tufão (m)	taufan	[taufan]
furacão (m)	badai, taufan	[badaj], [taufan]
tempestade (f)	badai	[badaj]
tsunami (m)	tsunami	[tsunami]
ciclone (m)	siklon	[siklon]
mau tempo (m)	cuaca buruk	[ʧuaʧa buruk]
incêndio (m)	kebakaran	[kɛbakaran]
catástrofe (f)	bencana	[bɛnʧana]
meteorito (m)	meteorit	[meteorit]
avalanche (f)	runtuhan	[runtuhan]
deslizamento (m) de neve	salji runtuh	[salʤi runtuh]
nevasca (f)	badai salji	[badaj salʤi]
tempestade (f) de neve	ribut salji	[ribut salʤi]

Fauna

135. Mamíferos. Predadores

predador (m)	pemangsa	[pɛmaŋsa]
tigre (m)	harimau	[harimau]
leão (m)	singa	[siŋa]
lobo (m)	serigala	[srigala]
raposa (f)	rubah	[rubah]
jaguar (m)	jaguar	[dʒaguar]
leopardo (m)	harimau akar	[harimau akar]
chita (f)	harimau bintang	[harimau bintaŋ]
pantera (f)	harimau kumbang	[harimau kumbaŋ]
puma (m)	puma	[puma]
leopardo-das-neves (m)	harimau bintang salji	[harimau bintaŋ saldʒi]
lince (m)	lynx	[liŋks]
coiote (m)	koyote	[kojot]
chacal (m)	jakal	[dʒakal]
hiena (f)	dubuk	[dubuk]

136. Animais selvagens

animal (m)	binatang	[binataŋ]
besta (f)	binatang liar	[binataŋ liar]
esquilo (m)	tupai	[tupaj]
ouriço (m)	landak susu	[landak susu]
lebre (f)	kelinci	[kɛlintʃi]
coelho (m)	arnab	[arnab]
texugo (m)	telugu	[tɛlugu]
guaxinim (m)	rakun	[rakun]
hamster (m)	hamster	[hamster]
marmota (f)	marmot	[marmot]
toupeira (f)	tikus tanah	[tikus tanah]
rato (m)	mencit	[mɛntʃit]
ratazana (f)	tikus mondok	[tikus mondok]
morcego (m)	kelawar	[kɛlavar]
arminho (m)	ermin	[ermin]
zibelina (f)	sable	[sable]
marta (f)	marten	[marten]
doninha (f)	wesel	[vesel]
visom (m)	mink	[miŋk]

castor (m)	beaver	[biver]
lontra (f)	memerang	[mɛmɛraŋ]
cavalo (m)	kuda	[kuda]
alce (m)	rusa elk	[rusa elk]
veado (m)	rusa	[rusa]
camelo (m)	unta	[unta]
bisão (m)	bison	[bison]
auroque (m)	aurochs	[oroks]
búfalo (m)	kerbau	[kɛrbau]
zebra (f)	kuda belang	[kuda bɛlaŋ]
antílope (m)	antelop	[antelop]
corça (f)	kijang	[kidʒaŋ]
gamo (m)	rusa	[rusa]
camurça (f)	chamois	[ʃɛmva]
javali (m)	babi hutan jantan	[babi hutan dʒantan]
baleia (f)	ikan paus	[ikan paus]
foca (f)	anjing laut	[andʒiŋ laut]
morsa (f)	walrus	[valrus]
urso-marinho (m)	anjing laut berbulu	[andʒiŋ laut bɛrbulu]
golfinho (m)	lumba-lumba	[lumba lumba]
urso (m)	beruang	[bɛruaŋ]
urso (m) polar	beruang kutub	[bɛruaŋ kutub]
panda (m)	panda	[panda]
macaco (m)	monyet	[monjet]
chimpanzé (m)	cimpanzi	[ʧimpanzi]
orangotango (m)	orang hutan	[oraŋ hutan]
gorila (m)	gorila	[gorila]
macaco (m)	kera	[kra]
gibão (m)	ungka	[uŋka]
elefante (m)	gajah	[gadʒah]
rinoceronte (m)	badak	[badak]
girafa (f)	zirafah	[zirafah]
hipopótamo (m)	kuda air	[kuda air]
canguru (m)	kanggaru	[kaŋgaru]
coala (m)	koala	[koala]
mangusto (m)	cerpelai	[ʧɛrpelaj]
chinchila (f)	chinchilla	[ʧinʧilla]
cangambá (f)	skunk	[skuŋk]
porco-espinho (m)	landak	[landak]

137. Animais domésticos

gata (f)	kucing betina	[kuʧiŋ bɛtina]
gato (m) macho	kucing jantan	[kuʧiŋ dʒantan]
cão (m)	anjing	[andʒiŋ]

cavalo (m)	kuda	[kuda]
garanhão (m)	kuda jantan	[kuda dʒantan]
égua (f)	kuda betina	[kuda bɛtina]
vaca (f)	lembu	[lɛmbu]
touro (m)	lembu jantan	[lɛmbu dʒantan]
boi (m)	lembu jantan	[lɛmbu dʒantan]
ovelha (f)	kambing biri-biri	[kambiŋ biri biri]
carneiro (m)	biri-biri jantan	[biri biri dʒantan]
cabra (f)	kambing betina	[kambiŋ bɛtina]
bode (m)	kambing jantan	[kambiŋ dʒantan]
burro (m)	keldai	[kɛldaj]
mula (f)	baghal	[baɣal]
porco (m)	babi	[babi]
leitão (m)	anak babi	[anak babi]
coelho (m)	arnab	[arnab]
galinha (f)	ayam	[ajam]
galo (m)	ayam jantan	[ajam dʒantan]
pata (f), pato (m)	itik	[itik]
pato (m)	itik jantan	[itik dʒantan]
ganso (m)	angsa	[aŋsa]
peru (m)	ayam belanda jantan	[ajam blanda dʒantan]
perua (f)	ayam belanda betina	[ajam blanda bɛtina]
animais (m pl) domésticos	binatang ternakan	[binataŋ tɛrnakan]
domesticado (adj)	jinak	[dʒinak]
domesticar (vt)	menjinak	[mɛndʒinak]
criar (vt)	memelihara	[mɛmɛlihara]
fazenda (f)	ladang, estet	[ladaŋ], [estet]
aves (f pl) domésticas	ayam-itik	[ajam itik]
gado (m)	ternakan	[tɛrnakan]
rebanho (m), manada (f)	kawanan	[kavanan]
estábulo (m)	kandang kuda	[kandaŋ kuda]
chiqueiro (m)	kandang babi	[kandaŋ babi]
estábulo (m)	kandang lembu	[kandaŋ lɛmbu]
coelheira (f)	sangkar arnab	[saŋkar arnab]
galinheiro (m)	kandang ayam	[kandaŋ ajam]

138. Pássaros

pássaro (m), ave (f)	burung	[buruŋ]
pombo (m)	burung merpati	[buruŋ mɛrpati]
pardal (m)	burung pipit	[buruŋ pipit]
chapim-real (m)	burung tit	[buruŋ tit]
pega-rabuda (f)	murai	[muraj]
corvo (m)	burung raven	[buruŋ raven]

gralha-cinzenta (f)	burung gagak	[buruŋ gagak]
gralha-de-nuca-cinzenta (f)	burung jackdaw	[buruŋ dʒɛkdo]
gralha-calva (f)	burung rook	[buruŋ ruk]
pato (m)	itik	[itik]
ganso (m)	angsa	[aŋsa]
faisão (m)	burung kuang	[buruŋ kuaŋ]
águia (f)	helang	[hɛlaŋ]
açor (m)	burung helang	[buruŋ hɛlaŋ]
falcão (m)	burung falcon	[buruŋ falkon]
abutre (m)	hering	[hɛriŋ]
condor (m)	kondor	[kondor]
cisne (m)	swan	[svon]
grou (m)	burung jenjang	[buruŋ dʒɛndʒaŋ]
cegonha (f)	burung botak	[buruŋ botak]
papagaio (m)	burung nuri	[buruŋ nuri]
beija-flor (m)	burung madu	[buruŋ madu]
pavão (m)	burung merak	[buruŋ mɛrak]
avestruz (m)	burung unta	[buruŋ unta]
garça (f)	burung pucung	[buruŋ putʃuŋ]
flamingo (m)	burung flamingo	[buruŋ flamiŋo]
pelicano (m)	burung undan	[buruŋ undan]
rouxinol (m)	burung merbah	[buruŋ mɛrbah]
andorinha (f)	burung layang-layang	[buruŋ lajaŋ lajaŋ]
tordo-zornal (m)	burung murai	[buruŋ muraj]
tordo-músico (m)	burung song thrush	[buruŋ soŋ traʃ]
melro-preto (m)	burung hitam	[buruŋ hitam]
andorinhão (m)	burung walet	[buruŋ valet]
cotovia (f)	seri ayu	[sri aju]
codorna (f)	burung puyuh	[buruŋ pujuh]
pica-pau (m)	burung belatuk	[buruŋ bɛlatuk]
cuco (m)	sewah padang	[sɛvah padaŋ]
coruja (f)	burung hantu	[buruŋ hantu]
bufo-real (m)	burung jampok	[buruŋ dʒampok]
tetraz-grande (m)	wood grouse	[vud graus]
tetraz-lira (m)	grouse hitam	[graus hitam]
perdiz-cinzenta (f)	ayam hutan	[ajam hutan]
estorninho (m)	burung starling	[buruŋ starliŋ]
canário (m)	burung kenari	[buruŋ kɛnari]
galinha-do-mato (f)	burung hazel grouse	[buruŋ hazel graus]
tentilhão (m)	burung chaffinch	[buruŋ tʃafintʃ]
dom-fafe (m)	burung bullfinch	[buruŋ bulfintʃ]
gaivota (f)	burung camar	[buruŋ tʃamar]
albatroz (m)	albatros	[albatros]
pinguim (m)	penguin	[peŋuin]

139. Peixes. Animais marinhos

brema (f)	ikan bream	[ikan brim]
carpa (f)	ikan kap	[ikan kap]
perca (f)	ikan puyu	[ikan puju]
siluro (m)	ikan keli	[ikan kli]
lúcio (m)	ikan paik	[ikan pajk]
salmão (m)	salmon	[salmon]
esturjão (m)	ikan sturgeon	[ikan sturgeon]
arenque (m)	ikan hering	[ikan hɛriŋ]
salmão (m) do Atlântico	salmon Atlantik	[salmon atlantik]
cavala, sarda (f)	ikan tenggiri	[ikan tɛŋgiri]
solha (f), linguado (m)	ikan sebelah	[ikan sɛblah]
lúcio perca (m)	ikan zander	[ikan zander]
bacalhau (m)	ikan kod	[ikan kod]
atum (m)	tuna	[tuna]
truta (f)	ikan trout	[ikan trout]
enguia (f)	ikan belut	[ikan bɛlut]
raia (f) elétrica	ikan pari elektrik	[ikan pari ɛlektrik]
moreia (f)	ikan moray eel	[ikan morej il]
piranha (f)	pirana	[pirana]
tubarão (m)	jerung	[dʒɛruŋ]
golfinho (m)	lumba-lumba	[lumba lumba]
baleia (f)	ikan paus	[ikan paus]
caranguejo (m)	ketam	[kɛtam]
água-viva (f)	ubur-ubur	[ubur ubur]
polvo (m)	sotong kurita	[sotoŋ kurita]
estrela-do-mar (f)	tapak sulaiman	[tapak sulajman]
ouriço-do-mar (m)	landak laut	[landak laut]
cavalo-marinho (m)	kuda laut	[kuda laut]
ostra (f)	tiram	[tiram]
camarão (m)	udang	[udaŋ]
lagosta (f)	udang karang	[udaŋ karaŋ]
lagosta (f)	udang krai	[udaŋ kraj]

140. Anfíbios. Répteis

cobra (f)	ular	[ular]
venenoso (adj)	beracun	[bɛratʃun]
víbora (f)	ular beludak	[ular bɛludak]
naja (f)	kobra	[kobra]
píton (m)	ular sawa	[ular sava]
jiboia (f)	ular boa	[ular boa]
cobra-de-água (f)	ular cincin emas	[ular tʃintʃin ɛmas]

| cascavel (f) | ular orok-orok | [ular orok orok] |
| anaconda (f) | ular anaconda | [ular anakonda] |

lagarto (m)	cicak	[tʃitʃak]
iguana (f)	iguana	[iguana]
varano (m)	biawak	[biavak]
salamandra (f)	salamander	[salamandɛr]
camaleão (m)	sumpah-sumpah	[sumpah sumpah]
escorpião (m)	kala jengking	[kala dʒɛŋkiŋ]

tartaruga (f)	kura-kura	[kura kura]
rã (f)	katak	[katak]
sapo (m)	katak puru	[katak puru]
crocodilo (m)	buaya	[buaja]

141. Insetos

inseto (m)	serangga	[sɛraŋga]
borboleta (f)	rama-rama	[rama rama]
formiga (f)	semut	[sɛmut]
mosca (f)	lalat	[lalat]
mosquito (m)	nyamuk	[njamuk]
escaravelho (m)	kumbang	[kumbaŋ]

vespa (f)	penyengat	[pɛnjeŋat]
abelha (f)	lebah	[lɛbah]
mamangaba (f)	kumbang	[kumbaŋ]
moscardo (m)	lalat kerbau	[lalat kɛrbau]

| aranha (f) | labah-labah | [labah labah] |
| teia (f) de aranha | sarang labah-labah | [saraŋ labah labah] |

libélula (f)	pepatung	[pɛpatuŋ]
gafanhoto (m)	belalang	[bɛlalaŋ]
traça (f)	kupu-kupu	[kupu kupu]

barata (f)	lipas	[lipas]
carrapato (m)	cengkenit	[tʃɛŋkɛnit]
pulga (f)	pinjal	[pindʒal]
borrachudo (m)	agas	[agas]

gafanhoto (m)	belalang juta	[bɛlalaŋ dʒuta]
caracol (m)	siput	[siput]
grilo (m)	cengkerik	[tʃɛŋkrik]
pirilampo, vaga-lume (m)	kelip-kelip	[klip klip]
joaninha (f)	kumbang kura-Kura	[kumbaŋ kura kura]
besouro (m)	kumbang kabai	[kumbaŋ kabaj]

sanguessuga (f)	lintah	[lintah]
lagarta (f)	ulat bulu	[ulat bulu]
minhoca (f)	cacing	[tʃatʃiŋ]
larva (f)	larva	[larva]

Flora

142. Árvores

árvore (f)	pokok	[pokok]
decídua (adj)	daun luruh	[daun luruh]
conífera (adj)	konifer	[konifer]
perene (adj)	malar hijau	[malar hidʒau]
macieira (f)	pokok epal	[pokok epal]
pereira (f)	pokok pear	[pokok pɛar]
cerejeira (f)	pokok ceri manis	[pokok ʧeri manis]
ginjeira (f)	pokok ceri	[pokok ʧeri]
ameixeira (f)	pokok plam	[pokok plam]
bétula (f)	pokok birch	[pokok 'bøʧ]
carvalho (m)	oak	[ouk]
tília (f)	pokok linden	[pokok linden]
choupo-tremedor (m)	pokok aspen	[pokok aspen]
bordo (m)	pokok mapel	[pokok mapel]
espruce (m)	pokok fir	[pokok fir]
pinheiro (m)	pokok pain	[pokok pajn]
alerce, lariço (m)	pokok larch	[pokok larʧ]
abeto (m)	fir	[fir]
cedro (m)	pokok cedar	[pokok sidɛr]
choupo, álamo (m)	pokok poplar	[pokok poplar]
tramazeira (f)	pokok rowan	[pokok rovan]
salgueiro (m)	pokok willow	[pokok villou]
amieiro (m)	pokok alder	[pokok alder]
faia (f)	pokok bic	[pokok biʧ]
ulmeiro, olmo (m)	pokok elm	[pokok ɛlm]
freixo (m)	pokok abu	[pokok abu]
castanheiro (m)	berangan	[bɛraŋan]
magnólia (f)	magnolia	[magnolia]
palmeira (f)	palma	[palma]
cipreste (m)	pokok cipres	[pokok ʧipres]
mangue (m)	bakau	[bakau]
embondeiro, baobá (m)	baobab	[baobab]
eucalipto (m)	eukaliptus	[ɛukaliptus]
sequoia (f)	sequoia	[sekuoja]

143. Arbustos

arbusto (m)	pokok	[pokok]
arbusto (m), moita (f)	pokok renek	[pokok renek]

videira (f)	pokok anggur	[pokok aŋgur]
vinhedo (m)	kebun anggur	[qbun aŋgur]
framboeseira (f)	pokok raspberi	[pokok rasberi]
groselheira-negra (f)	pokok beri hitam	[pokok kismis hitam]
groselheira-vermelha (f)	pokok kismis merah	[pokok kismis merah]
groselheira (f) espinhosa	pokok gusberi	[pokok gusberi]
acácia (f)	pokok akasia	[pokok akasia]
bérberis (f)	pokok barberi	[pokok barberi]
jasmim (m)	melati	[m'lati]
junípero (m)	pokok juniper	[pokok dʒuniper]
roseira (f)	pokok mawar	[pokok mavar]
roseira (f) brava	brayer	[brajer]

144. Frutos. Bagas

fruta (f)	buah	[buah]
frutas (f pl)	buah-buahan	[buah buahan]
maçã (f)	epal	[epal]
pera (f)	buah pear	[buah pear]
ameixa (f)	plam	[plam]
morango (m)	strawberi	[stroberi]
ginja (f)	buah ceri	[buah tʃeri]
cereja (f)	ceri manis	[tʃeri manis]
uva (f)	anggur	[aŋgur]
framboesa (f)	raspberi	[rasberi]
groselha (f) negra	beri hitam	[beri hitam]
groselha (f) vermelha	buah kismis merah	[buah kismis merah]
groselha (f) espinhosa	buah gusberi	[buah gusberi]
oxicoco (m)	kranberi	[kranberi]
laranja (f)	jeruk manis	[dʒeruk manis]
tangerina (f)	limau mandarin	[limau mandarin]
abacaxi (m)	nanas	[nanas]
banana (f)	pisang	[pisaŋ]
tâmara (f)	buah kurma	[buah kurma]
limão (m)	lemon	[lemon]
damasco (m)	aprikot	[aprikot]
pêssego (m)	pic	[pitʃ]
quiuí (m)	kiwi	[kivi]
toranja (f)	limau gedang	[limau gɛdaŋ]
baga (f)	buah beri	[buah beri]
bagas (f pl)	buah-buah beri	[buah buah beri]
arando (m) vermelho	cowberry	[kauberi]
morango-silvestre (m)	strawberi	[stroberi]
mirtilo (m)	buah bilberi	[buah bilberi]

145. Flores. Plantas

| flor (f) | bunga | [buŋa] |
| buquê (m) de flores | jambak bunga | [dʒambak buŋa] |

rosa (f)	mawar	[mavar]
tulipa (f)	tulip	[tulip]
cravo (m)	bunga teluki	[buŋa tɛluki]
gladíolo (m)	bunga gladiola	[buŋa gladiola]

centáurea (f)	bunga butang	[buŋa butaŋ]
campainha (f)	bunga loceng	[buŋa lotʃɛŋ]
dente-de-leão (m)	dandelion	[dandelion]
camomila (f)	bunga camomile	[buŋa kɛmomajl]

aloé (m)	lidah buaya	[lidah buaja]
cacto (m)	kaktus	[kaktus]
fícus (m)	pokok ara	[pokok ara]

lírio (m)	bunga lili	[buŋa lili]
gerânio (m)	geranium	[geranium]
jacinto (m)	bunga lembayung	[buŋa lɛmbajuŋ]

mimosa (f)	bunga semalu	[buŋa sɛmalu]
narciso (m)	bunga narsisus	[buŋa narsisus]
capuchinha (f)	bunga nasturtium	[buŋa nasturtium]

orquídea (f)	anggerik, okid	[aŋgrik], [okid]
peônia (f)	bunga peony	[buŋa peoni]
violeta (f)	bunga violet	[buŋa violet]

amor-perfeito (m)	bunga pansy	[buŋa pɛnsi]
não-me-esqueças (m)	bunga jangan lupakan daku	[buŋa dʒaŋan lupakan daku]
margarida (f)	bunga daisi	[buŋa dajsi]

papoula (f)	bunga popi	[buŋa popi]
cânhamo (m)	hem	[hem]
hortelã, menta (f)	mint	[mint]

| lírio-do-vale (m) | lili lembah | [lili lɛmbah] |
| campânula-branca (f) | bunga titisan salji | [buŋa titisan saldʒi] |

urtiga (f)	netel	[netel]
azedinha (f)	sorrel	[sorel]
nenúfar (m)	bunga telepok	[buŋa tɛlepok]
samambaia (f)	paku-pakis	[paku pakis]
líquen (m)	liken	[liken]

estufa (f)	rumah hijau	[rumah hidʒau]
gramado (m)	lon	[lon]
canteiro (m) de flores	batas bunga	[batas buŋa]

planta (f)	tumbuhan	[tumbuhan]
grama (f)	rumput	[rumput]
folha (f) de grama	sehelai rumput	[sɛhelaj rumput]

folha (f)	daun	[daun]
pétala (f)	kelopak	[kɛlopak]
talo (m)	batang	[bataŋ]
tubérculo (m)	ubi	[ubi]

broto, rebento (m)	tunas	[tunas]
espinho (m)	duri	[duri]

florescer (vi)	berbunga	[bɛrbuŋa]
murchar (vi)	layu	[laju]
cheiro (m)	bau	[bau]
cortar (flores)	memotong	[mɛmotoŋ]
colher (uma flor)	memetik	[mɛmɛtik]

146. Cereais, grãos

grão (m)	biji-bijian	[bidʒi bidʒian]
cereais (plantas)	padi-padian	[padi padian]
espiga (f)	bulir	[bulir]

trigo (m)	gandum	[gandum]
centeio (m)	rai	[raj]
aveia (f)	oat	[oat]
painço (m)	sekoi	[sɛkoj]
cevada (f)	barli	[barli]

milho (m)	jagung	[dʒaguŋ]
arroz (m)	beras	[bras]
trigo-sarraceno (m)	bakwit	[bakvit]

ervilha (f)	kacang sepat	[katʃaŋ sɛpat]
feijão (m) roxo	kacang buncis	[katʃaŋ buntʃis]
soja (f)	kacang soya	[katʃaŋ soja]
lentilha (f)	kacang lentil	[katʃaŋ lentil]
feijão (m)	kacang	[katʃaŋ]

PAÍSES. NACIONALIDADES

147. Europa Ocidental

Europa (f)	Eropah	[eropa]
União (f) Europeia	Kesatuan Eropah	[kesatuan eropa]

Áustria (f)	Austria	[ostria]
Grã-Bretanha (f)	Great Britain	[grejt britɛn]
Inglaterra (f)	Inggeris	[iŋgris]
Bélgica (f)	Belgium	[beldʒem]
Alemanha (f)	Jerman	[dʒerman]

Países Baixos (m pl)	Belanda	[blanda]
Holanda (f)	Belanda	[blanda]
Grécia (f)	Greece	[gris]
Dinamarca (f)	Denmark	[denmark]
Irlanda (f)	Ireland	[ajɛlɛnd]
Islândia (f)	Iceland	[ajslɛnd]

Espanha (f)	Sepanyol	[spanjol]
Itália (f)	Itali	[itali]
Chipre (m)	Cyprus	[sajprɛs]
Malta (f)	Malta	[malta]

Noruega (f)	Norway	[norvej]
Portugal (m)	Portugal	[portugal]
Finlândia (f)	Finland	[finlɛnd]
França (f)	Perancis	[prantʃis]

Suécia (f)	Sweden	[svidɛn]
Suíça (f)	Switzerland	[svizelɛnd]
Escócia (f)	Scotland	[skotlɛnd]

Vaticano (m)	Vatican	[vɛtiken]
Liechtenstein (m)	Liechtenstein	[lihtenstajn]
Luxemburgo (m)	Luxembourg	[laksemburg]
Mônaco (m)	Monaco	[monekou]

148. Europa Central e de Leste

Albânia (f)	Albania	[albania]
Bulgária (f)	Bulgaria	[bulgaria]
Hungria (f)	Hungary	[haŋɛri]
Letônia (f)	Latvia	[latvia]

Lituânia (f)	Lithuania	[lituania]
Polônia (f)	Poland	[polɛnd]

Romênia (f)	Romania	[romania]
Sérvia (f)	Serbia	[serbia]
Eslováquia (f)	Slovakia	[slovakia]

Croácia (f)	Croatia	[krouɛjʃa]
República (f) Checa	Republik Czech	[republik tʃeh]
Estônia (f)	Estonia	[estonia]

Bósnia e Herzegovina (f)	Bosnia-Herzegovina	[bosnia hɛttsigovina]
Macedônia (f)	Macedonia	[masedonia]
Eslovênia (f)	Slovenia	[slovenia]
Montenegro (m)	Montenegro	[montenegro]

149. Países da ex-URSS

| Azerbaijão (m) | Azerbaijan | [azerbajdʒan] |
| Armênia (f) | Armenia | [armenia] |

Belarus	Belarus	[belarus]
Geórgia (f)	Georgia	[dʒodʒia]
Cazaquistão (m)	Kazakhstan	[kazahstan]
Quirguistão (m)	Kirgizia	[kirgizia]
Moldávia (f)	Moldavia	[moldavija]

| Rússia (f) | Rusia | [rusia] |
| Ucrânia (f) | Ukraine | [jukrejn] |

Tajiquistão (m)	Tajikistan	[tadʒikistan]
Turquemenistão (m)	Turkmenistan	[turkmenistan]
Uzbequistão (f)	Uzbekistan	[uzbekistan]

150. Asia

Ásia (f)	Asia	[asia]
Vietnã (m)	Vietnam	[vjetnam]
Índia (f)	India	[india]
Israel (m)	Israel	[izrael]

China (f)	China	[tʃina]
Líbano (m)	Lubnan	[lubnan]
Mongólia (f)	Mongolia	[moŋolia]

| Malásia (f) | Malaysia | [malajsia] |
| Paquistão (m) | Pakistan | [pakistan] |

Arábia (f) Saudita	Saudi Arabia	[saudi arabia]
Tailândia (f)	Thailand	[tailand]
Taiwan (m)	Taiwan	[tajvan]
Turquia (f)	Turki	[turki]
Japão (m)	Jepun	[dʒepun]
Afeganistão (m)	Afghanistan	[afɣanistan]
Bangladesh (m)	Bangladesh	[baŋladeʃ]

Indonésia (f)	**Indonesia**	[indonesia]
Jordânia (f)	**Jordan**	[dʒodɛn]
Iraque (m)	**Iraq**	[irak]
Irã (m)	**Iran**	[iran]
Camboja (f)	**Kemboja**	[kembodʒa]
Kuwait (m)	**Kuwait**	[kuvejt]
Laos (m)	**Laos**	[laos]
Birmânia (f)	**Myanmar**	[mjanmar]
Nepal (m)	**Nepal**	[nepal]
Emirados Árabes Unidos	**Emiriah Arab Bersatu**	[ɛmiria arab bɛrsatu]
Síria (f)	**Syria**	[siria]
Palestina (f)	**Palestine**	[palestin]
Coreia (f) do Sul	**Korea Selatan**	[korea sɛlatan]
Coreia (f) do Norte	**Korea Utara**	[korea utara]

151. América do Norte

Estados Unidos da América	**Amerika Syarikat**	[amerika çarikat]
Canadá (m)	**Kanada**	[kanada]
México (m)	**Mexico**	[meksiko]

152. América Central do Sul

Argentina (f)	**Argentina**	[argentina]
Brasil (m)	**Brazil**	[brazil]
Colômbia (f)	**Colombia**	[kolombia]
Cuba (f)	**Cuba**	[kjuba]
Chile (m)	**Chile**	[ʧili]
Bolívia (f)	**Bolivia**	[bolivia]
Venezuela (f)	**Venezuela**	[venezuela]
Paraguai (m)	**Paraguay**	[paraguaj]
Peru (m)	**Peru**	[peru]
Suriname (m)	**Suriname**	[surinam]
Uruguai (m)	**Uruguay**	[uruguaj]
Equador (m)	**Ecuador**	[ɛkuador]
Bahamas (f pl)	**Kepulauan Bahamas**	[kɛpulawan bahamas]
Haiti (m)	**Haiti**	[hejiti]
República Dominicana	**Republik Dominika**	[republik dominika]
Panamá (m)	**Panama**	[panama]
Jamaica (f)	**Jamaica**	[dʒamajka]

153. Africa

Egito (m)	**Mesir**	[mɛsir]
Marrocos	**Maghribi**	[maɣribi]

Tunísia (f)	**Tunisia**	[tunisia]
Gana (f)	**Ghana**	[ɣana]
Zanzibar (m)	**Zanzibar**	[zanzibar]
Quênia (f)	**Kenya**	[kenia]
Líbia (f)	**Libya**	[libia]
Madagascar (m)	**Madagascar**	[madagaskar]
Namíbia (f)	**Namibia**	[namibia]
Senegal (m)	**Senegal**	[senegal]
Tanzânia (f)	**Tanzania**	[tanzania]
África (f) do Sul	**Afrika Selatan**	[afrika sɛlatan]

154. Austrália. Oceania

Austrália (f)	**Australia**	[australia]
Nova Zelândia (f)	**New Zealand**	[nju zilɛnd]
Tasmânia (f)	**Tasmania**	[tasmania]
Polinésia (f) Francesa	**Polinesia Perancis**	[polinesia pranʧis]

155. Cidades

Amesterdã, Amsterdã	**Amsterdam**	[amsterdam]
Ancara	**Ankara**	[aŋkara]
Atenas	**Athens**	[ɛtinz]
Bagdade	**Baghdad**	[baɣdad]
Bancoque	**Bangkok**	[baŋkok]
Barcelona	**Barcelona**	[barselona]
Beirute	**Beirut**	[bejrut]
Berlim	**Berlin**	[berlin]
Bonn	**Bonn**	[bon]
Bordéus	**Bordeaux**	[bordo]
Bratislava	**Bratislava**	[bratislava]
Bruxelas	**Brussels**	[brasels]
Bucareste	**Bucharest**	[bukarest]
Budapeste	**Budapest**	[budapest]
Cairo	**Kaherah**	[kaherah]
Calcutá	**Kolkata**	[kolkata]
Chicago	**Chicago**	[ʧikago]
Cidade do México	**Mexico City**	[meksiko siti]
Copenhague	**Copenhagen**	[koupinhejgen]
Dar es Salaam	**Dar-es-Salam**	[dar es salam]
Deli	**Delhi**	[deli]
Dubai	**Dubai**	[dubaj]
Dublim	**Dublin**	[dablin]
Düsseldorf	**Düsseldorf**	[djusseldorf]
Estocolmo	**Stockholm**	[stoχolm]
Florença	**Florence**	[florens]

Frankfurt	**Frankfurt**	[fraŋkfurt]
Genebra	**Geneva**	[dʒiniva]
Haia	**The Hague**	[hejg]
Hamburgo	**Hamburg**	[hamburg]
Hanói	**Hanoi**	[hanoj]
Havana	**Havana**	[havana]
Helsinque	**Helsinki**	[helsiŋki]
Hiroshima	**Hiroshima**	[hiroʃima]
Hong Kong	**Hong Kong**	[hoŋ koŋ]
Istambul	**Istanbul**	[istanbul]
Jerusalém	**Baitulmuqaddis**	[bajtulmukadis]
Kiev, Quieve	**Kiev**	[kiev]
Kuala Lumpur	**Kuala Lumpur**	[kuala lumpur]
Lion	**Lyons**	[lion]
Lisboa	**Lisbon**	[lisbon]
Londres	**London**	[landon]
Los Angeles	**Los Angeles**	[los andʒiliz]
Madrid	**Madrid**	[madrid]
Marselha	**Marseille**	[marsɛ]
Miami	**Miami**	[majami]
Montreal	**Montréal**	[montriol]
Moscou	**Moscow**	[moskou]
Mumbai	**Mumbai**	[mumbaj]
Munique	**Munich**	[mjunik]
Nairóbi	**Nairobi**	[najrobi]
Nápoles	**Naples**	[nɛjplz]
Nice	**Nice**	[nis]
Nova York	**New York**	[nju jork]
Oslo	**Oslo**	[oslo]
Ottawa	**Ottawa**	[otava]
Paris	**Paris**	[pɛris]
Pequim	**Beijing**	[bejdʒiŋ]
Praga	**Prague**	[prag]
Rio de Janeiro	**Rio de Janeiro**	[rio de dʒanejro]
Roma	**Rome**	[roum]
São Petersburgo	**Saint Petersburg**	[sejnt pitersburg]
Seul	**Seoul**	[seul]
Singapura	**Singapura**	[siŋapura]
Sydney	**Sydney**	[sidni]
Taipé	**Taipei**	[tajpej]
Tóquio	**Tokyo**	[tokio]
Toronto	**Toronto**	[toronto]
Varsóvia	**Warsaw**	[varso]
Veneza	**Venice**	[venis]
Viena	**Vienna**	[viena]
Washington	**Washington**	[vaʃiŋton]
Xangai	**Shanghai**	[ʃaŋɣaj]

www.ingramcontent.com/pod-product-compliance
Lightning Source LLC
LaVergne TN
LVHW051742080426
835511LV00018B/3188